中等职业教育通用基础教材系列

体育与健康

主　审　韩　实
主　编　曾文艺
副主编　张冠英　张海兵　谢京涛
　　　　　张得新　黄　卫
编　委　张　立

中国人民大学出版社
·北京·

前　言

《中共中央、国务院关于进一步加强和改进新时期体育工作的意见》中指出：在现代化建设的进程中，体育伴随经济、社会的发展而发展，经济越发展，社会越进步，人们强身健体的意识就越强烈，体育的地位就越重要，作用就越显著。面对日益竞争的现代社会，体育教学对学生的作用不仅仅是生理上的，同时也体现在对学生良好的人格塑造与健康个性的形成上。

“体育与健康”课程是学生以身体练习为主要手段，通过合理的体育教育和科学的体育锻炼过程，达到增强体质、增进健康和提高体育素养为主要目标的公共必修课程，是学校课程体系的重要组成部分，是学校体育工作的中心环节。

我们认为，职业教育的体育教学应具备三个基本属性。

1. 教育性。根据“德智体美劳”全面发展的教育总方针，体育课程作为职业教育课程体系的重要组成部分，具有其他课程不可替代的教育功能。

2. 健身性。学校体育总体指导思想是“健康第一”，它的本质是以身体练习为手段，让学生通过体育课程的教学，发展学生的身体素质，提升学生体质水平。

3. 文化性。体育包涵的竞争、勇于挑战、直面挫折、团队意识等丰富的文化内涵，对现代人重塑健康体魄，培养团队协作意识，沟通、创新、决策能力、吃苦耐劳精神，具有独特作用。

基于此，在坚持学校体育“健康第一”的指导思想基础上，我们认为，体育教育除了传授体育运动技能、培养终身体育意识外，也应根据职业教育总体培养目标和定位，结合学生专业特点和未来职业工作特征，以发展学生职业综合能力、促进学生职业适应性为根本任务，从而实现体育课程以职业工作岗位能力需求设置课程体系的改革理念，体现“强健体魄、满足兴趣、提升素养、服务专业”新的体育课程定位。

本书的特点是：

1. 使课堂教学与课外、校外的体育活动有机结合。体育教学除在教学过程中产生生理负荷，还能形成后续能力，而恰恰是此后续能力对人的发展可能产生重大影响。同样，体育运动能力的形成也需要课外的反复练习。

2. 重视理论与实践相结合。在运动实践教学中注意渗透相关理论知识，并运用多种形式和现代教学手段，扩大体育课程的知识面，提高学生的认知能力。

3. 充分发挥学生的主体作用和教师的主导作用。努力倡导开放式、探究式教学，努力拓展体育课程的时间和空间。营造生动、活泼、主动的学习氛围。

4. 密切与专业培养目标的联系，注重对学生职业体能的培养。职业教育培养的是应用型人才，大部分将在生产、管理、服务一线工作，在教学中要加强对岗位身体工作机制的研究，掌握各职业人体生理、心理特征，充分模拟职场情景，使体育课从单纯的公共基础课转变为一门学生职业能力支撑课。

本书希望帮助学生把掌握的运动技能转化为自觉锻炼的习惯和能力，使其终身受益。学生能否在一生中持续进行体育锻炼，增进和维护自身的体质健康，取决于他的体育观念和价值判断。在体育教学过程中，应特别注重培养学生终身体育锻炼的能力、习惯和自我意识。在课堂教学设计中，不仅注重教法的研究，而且加强对学生学习方法和练习方法的指导，提高学生自学、自练的能力，以便课后学生通过练习来增强体质和掌握运动技能。教师在教学中要充分发挥学生的主体性，把传授知识、掌握技能与学生自觉锻炼习惯和良好人格的形成有机结合起来。

为了增加吸引力和可读性，本书力求通俗易懂、图文并茂、结构新颖。书中不但有图表，还有各类动作示范，使读者能够一目了然。

由于水平有限，加上时间仓促，书中肯定会有不足之处，恳请读者批评指正！

目　录

第一章　认识“体育与健康”课程

——教师寄语——

当你进入职业学校的时候，年轻的你憧憬未来的美好远景，但健康这个人类永恒不变的话题，是你现在和今后都无法回避的。何不抓住现在呢？首先，改变一下自己的体育运动锻炼观念。在这块育人的沃土上，把你的身心培养得健康有力，把你的意志磨炼得无坚不摧，使你的生活更加丰富多彩，同时也能使你享受生活所带来的乐趣！立即行动吧！只有拥有健康的身心，未来才会一片光明！

第一节　“体育与健康”课程的任务和目标

运动箴言

身心是心智的基础，发展心智不能使身体吃亏。

高科技飞跃发展的21世纪，人类的生命不单单局限于长寿，更倾向于生活的健康质量。科学化、社会化、娱乐化、终身化的体育成为人们实施健康生活的重要途径。在紧张的工作和学习之余，参与体育健身，不仅成为当今的时尚，而且也增添了生活的乐趣。

作为职业学校的学生，在学习和成长的过程中，我们常会思考如何面对未来、如何塑造美好健康的人生等诸如此类的问题。体育作为促进健康的动力源泉，在提高我们的综合素质、增强社会竞争力中起着不可忽视的作用。

主题一　体育活动的功能

一、健身功能

体育活动可以加快人体的新陈代谢，增强肌肉力量，促进血液循环，提高心肺功能，调节情绪，增进食欲，改善睡眠，提高学习和工作效率，健身益寿。毛泽东在青年时代就曾指出“体育之效，在于强筋骨，增知识，调感情，强意志”，这句话精辟地概括了体育的强身健心功能。

二、教育功能

学生在努力学习专业技术知识的同时，应经常参加体育锻炼，提高体育文化素养，这样既可以激励拼搏精神，用新的成绩战胜自我或对手，增强竞争与合作意识，也对培养人的积极向上、勇敢顽强、竞争与合作以及克服各种生理和心理障碍有着积极的作用。每一个体育项目绝不仅仅是技术、技能因素，它们还蕴含着深刻的教育意义。

社会体育作为传播体育价值观的载体，通过其活动性、技艺性、竞争性、群聚性、国际性和礼仪性等特点，可以激发人们的爱国热情，振奋民族精神，培养社会公德，有利于社会交往。

三、娱乐功能

在社会经济快速发展和物质产品不断丰富的今天，体育的娱乐性为人们的业余文化生活提供了健康、理想的健身方式。人们通过体育活动可以愉悦身心，消除疲劳，充分享受生活的乐趣。因此，休闲体育、娱乐体育风靡于都市和乡镇。羽毛球、网球、游泳、武术、舞蹈、保龄球以及高消费的高尔夫球等多种项目已成为现代人休闲娱乐的主题，人们从中感受到运动的乐趣，既健康又健心，并且还陶冶情操。

四、医疗和康复功能

人们所从事的职业虽多种多样，但多因身体长时间保持固定的姿势而导致各种疲劳状态，所以应按疲劳的部位和性质采取相应的措施。按照“补偿不足，消除特定疲劳”的原则，选择适宜的健身运动，如身体局部疲劳，可选择放松伸展运动、矫正操、自我按摩等，以达到对一些常见病和多发病的治疗和预防。

五、预防现代病功能

现代生活中人们使用的电子设备，如彩电、电脑等，其屏幕辐射的 α 射线会杀死白细胞，致使人体免疫力下降，给身心造成很大的危害。适当地参加锻炼，能预防一些现代病的发生。

六、实用功能

体育活动的各种动作形式能充分挖掘人的潜能。人通过体育锻炼、体育比赛所获得的各种身体素质和人体活动能力，都可以迁移到实际的工作、生活中来。

主题二　“体育与健康”课程的任务和目标

一、“体育与健康”课程的任务

“体育与健康”课程是学校教育的重要组成部分，是中等职业学校学生必须学习的一门课程。其任务是：

（1）该课程是以增强体质、增进健康为基本目的的教育课程，是提高学生整体素质的重要途径之一。

（2）该课程具有丰富的理论知识和实践技能。它以运动实践为主要特征，能较好地促进人的思想道德水平、科学文化知识、劳动技能和身心素质的提高。

二、“体育与健康”课程的目标

（1）全面提高学生身体素质，发展学生身体基本活动能力，掌握科学锻炼身体的基本知识、方法和运动技能。

（2）发展学生个性与体育特长，提高自主锻炼、自我保健、自我评价以及自我调控的能力。

（3）通过课程教学，进行爱国主义、集体主义和体育道德教育，培养学生勇敢顽强、竞争协作的精神，遵纪守法的公德品质，乐观自信的性格和承受挫折的能力。

具体地讲，就是中职学生在毕业前，通过课程的学习与课内外的实践，掌握必要的、为终身体育所需的“1—2—1”体育目标规定的内容和方法，这是本课程的重点任务。

“1—2—1”体育目标的内涵：“1”是要求学生掌握一种有关体质的自我评论方法；“2”是要求学生掌握两项体育运动技能；“1”是要求学生能够制定一套运动处方。

三、“体育与健康”课程的主要知识结构

对于该课程，学生要学习和掌握的主要知识结构是：体育与健康理论知识；体育锻炼的知识和方法；基本运动知识与运动能力；选项运动技术与能力；符合职业特点的健身知识。

☞**专家提示**

中职学生的未来健康——往往和职业密不可分

中职学生未来从事的职业具有很强的专业性特征，所形成的各类不良职业习惯将成为健康最大的隐形杀手。例如，长期在电脑边工作的人，容易患近视眼、颈椎病、静脉扩张等；经常从事推销工作的人，多有酒桌应酬，经常边吃边饮酒，或在进食的时候长时间交流，逐渐会形成不合理的饮食结构和习惯，更容易导致肠胃病。

第二节　学习“体育与健康”课程的意义与要求

运动箴言

一个埋头于脑力劳动的人，如果不经常活动四肢，那将可能危及生命。

学校体育的任务是贯彻落实《学校体育工作条例》，达到发展学生形态、机能，增强体质，实施思想品德教育，塑造身体，提高心理健康和社会适应能力的目的。

学校体育的形式多样、内容丰富，良好的体育环境，足够的课余时间，为学生提供了身心健康发展的活动空间。

身心健康发展的5个活动空间

体育与健康课	体操、课间操	课外体育活动	校内、外体育竞赛	课余体育训练
学生的必修课，分为基础课和选项课。	调节兴奋与抑郁状态，缓解疲劳。	按个人兴趣，参加个体、集体或俱乐部体育锻炼。	体育节、运动会或单项比赛，人人选项参加。	提高运动水平，举办比赛，推广、普及。

主题一　学习“体育与健康”课程的重要意义

一、课程与素质教育

健康的身体是人的总体素质的重要物质基础，是其他诸项的载体。正如毛泽东所述：“体育一道，配德育和智育，而德智皆寄于体。无体是无德智也。体者，载知识之车而寓道德之舍也。”学习“体育与健康”课程是素质教育不可或缺的重要内容，因此在“以人为本、健康第一”的基础上，应充分发挥本课程在素质教育中的重要作用。

二、课程与现代社会生活

现代社会高科技的运用使人们的工作时间缩短，劳动强度减少，工作形式多趋于静态，因而现代“文明病”（心血管系统病、肥胖症等）日益增多。出于现代生活的需要，人们迫切要求通过经常性的体育锻炼和健身活动来达到追求健康的目的。

体育越来越成为人们生活中不可缺少的一部分。现代生活的需要，赋予“体育与健康”课程的历史使命是面向学生、面向未来，使学生热爱体育，善于利用体育调节生活与工作节奏，进而提高社会适应能力，使健康成为学生永恒的追求。

主题二 学习“体育与健康”课程的要求

一、增强体育与健康意识

学生在初中三年级时，普遍因升学而忽视了体育锻炼。但进入中职学校以后，为适应新学校、新课程，首先要重新认识“体育与健康”课程的重要性，以增强体育意识，提高自己的身体素质。其次，要在接受规范化课程的同时，遵守课堂常规，培养体育兴趣，以积极认真、刻苦顽强的态度去完成新的学习任务。

二、发挥主体作用

本课程贯彻“健康第一，以人为本，以学生为主体”的原则。在课程教学中，每个学生都要全力以赴，“生动、活泼、主动”地投入，充分发挥自主性、能动性和创新精神。首先，要完成基础课的学习任务，发展个性爱好与运动特长；其次，还要认真学好体育与健康的理论基础知识，有针对性地投入到锻炼实践中去。

三、重视课程教学中的过程评价

课程的考核评价是检验教学效果的有效手段，可分为终结评价和过程评价两种形式：终结评价是每项教材学习结束后，对该项进行测试，给予评分（属于显性评价）。过程评价是纵观学生在整个学期体育课教学中的情况给予评价，可结合学生在学习过程中的学习态度和出勤情况进行对某些体质、能力、基础较差，但态度积极认真并能在课内外主动找教师辅导练习或增加锻炼次数的学生，教师应给予相应的鼓励；凡经过努力锻炼尚不能达标者，视其获得的健康发展状况而给予及格以上的评价（即隐性评价）。这两种评价形式构成了完整的课程考核机制，互相促进，用以激发全体学生上好每节体育课的热情，以提高教学效果。

四、确定与今后专业相适应的体育锻炼方向

中职学生应该清楚自己所学专业在今后所要从事职业的特点及与之相适应的体育锻炼的方向。所从事职业一般包括以下类型。

1. 伏案型

伏案型包括机关干部、会计、电脑操作者等，以脑力劳动者居多。

工作特点与不良反应：伏案久坐，脑部能量消耗大，易引起脑供血不足，坐骨神经受压迫，易患心血管疾病，导致脑疲劳，记忆力下降。

☞专家提示

视疲劳综合征的简单疗法

1. 转眼法。

选一安静场所，或坐或站，全身放松，清除杂念，双目睁开，头颈

不动，转动眼球。眼睛先凝视正下方，缓慢转至左方，再转至凝视正上方，至右方，最后回到凝视正下方，依此顺序顺时针转9圈，然后再沿逆时针方向转6圈。总共做4次，每次转动，眼球都应尽可能地达到极限。这种转眼法可以锻炼眼肌，改善营养，使双眼灵活自如，炯炯有神。

2. 熨眼法。

此法最好坐着做，全身放松，闭上双眼，然后快速摩擦两掌，使之生热，趁热用双手捂住双眼，热散后两手猛然拿开，两眼也同时用劲一睁。如此3～5次，能促进眼睛血液循环，增进新陈代谢。

2. 站立型

站立型包括售货员、保安、手术医生等，属静态体力劳动者。

工作特点与不良反应：长时间直立，腿部胀满及关节僵硬。

3. 运动型

运动型包括矿工、建筑、搬运、环卫、消防、外线电工等，属动态体力劳动者。

工作特点与不良反应：全身性运动，肌肉活动强度较大，全身肌肉处于高度紧张状态，能量代谢失衡，感觉劳累，体能下降，大关节负担重。

针对上述情况，应发展专门的职业性体质能力训练，补偿疲劳部位的能量供给，开展矫正性健身操等多种特定运动，以求缓解疲劳，调整机体，增加能量的储存，以便逐渐适应和增长职业技能，调节全身的器官功能，增强免疫能力，消除致病隐患。

☞专家提示

经常值夜班的人应怎样调整生活节奏

如果你将来从事医护、酒店服务、保安等工作，值夜班是经常要遇到事情。研究显示：最佳的轮班方式是由早班转为午班转为夜班，这样较容易调节生活节奏，以适应睡眠时间的改变。黎明前值夜班的人往往处于生理低潮，黎明前也是容易发生意外和出错的时间，所以万事更要格外小心。为了保证下班后白天的睡眠质量，建议这段时间勿用喝茶或咖啡等方法提神，回家途中最好戴上墨镜，并预先在卧室挂上厚厚的窗帘，尽可能使自己在白天也保持晚上睡觉的感觉。

第三节　不同职业的特点与锻炼方法

运动箴言

经常体育锻炼不仅能够拥有美丽的形体和和谐的动作，而且能形成良好的性格，并且锻炼意志力。

主题一　坐姿类职业的特点与锻炼方法

一、坐姿类职业的工作特点

现代社会分工精细，许多人工作的体位改变很少。财务工作人员（会计与出纳）、文秘及大部分办公室白领大都以脑力劳动为主，以“伏案型”为主要工作方式。调查表明，该类员工每个工作日的 8 小时劳动中，坐的时间可达 6～7 小时。坐位姿势是一种静态姿势。静态姿态下完成单一工作，极易引起疲劳，从而使工作效率下降。

二、坐姿类职业的负荷特点

1. 对血液循环系统的影响

血液是向全身输送氧和营养物质，保证生命活动正常进行的基础。心脏是血液循环的动力器官，位于胸腔中，故其向心脏以下的部位输送营养物质和氧气受地心引力的影响而比较顺利，但其以下部位的血液要回到心脏就必须克服地心引力的影响，所以相对比较困难，因此心脏以下部位的静脉回流所受阻力要大于以上部位。长期久坐的人，下肢特别是足背会发生水肿，还会使直肠、肛管静脉回流受阻，静脉扩张而发生痔疮。同时，位于心脏以上的部位特别是大脑的血液供应，需要心脏在克服地心引力的影响下泵入脑血液循环，如果心脏功能不良，则脑血供应不畅通，易出现头昏眼花、瞌睡，导致工作效率降低，失误率增高。

☞**专家提示**

选择机械专业的学生，将来除了要进行技术设计，还可能经常站在机床前加工各种机械零件；而纺织专业的学生未来从事的工作，也需长时间的走动；至于建筑和美术装潢专业的学生，站着的时间总是多于坐着的时间，且有时为了应付高空作业和在特殊环境下从事创作，不仅需要上肢动作协调、准确和有力，而且要求下肢具有稳定的支撑和平衡能力。所以，从事上述职业工作的人都更应加强力量练习。

2. 对心肺功能的影响

我们经常看见，久坐的人站起来第一件事情就是扩胸和深呼吸，这并不是因为个人习惯，而是长时间坐位伏案，胸廓得不到充分扩张，会影响肺的通气功能，令人感觉胸闷、呼吸不畅。研究表明，坐位伏案对静息时通气量影响不大，但是从提高体能和健康水平而言，坐位伏案劳动（工作）的人，应加强扩胸动作的练习，以利于肺的充分扩张，加强通气和换气功能，使血氧饱和度始终保持在96%～98%。

3. 对骨骼肌的影响

人体无论是姿势的改变还是姿势的维持，都是依靠骨骼肌来完成。坐位姿势是一种静态姿势，维持坐位姿势时，肌肉中的肌纤维长时间处于一定的静力性工作状态（即等长收缩状态），虽然依靠中枢神经系统的调节可以使肌纤维的紧张活动交替进行，但这种调节交替幅度相对较小，效果不太明显，只能延缓骨骼肌完全疲劳的时间。在坐位姿势劳动（工作）时，肌纤维的紧张性收缩压迫了骨骼肌血管，导致血液供应减少，以致肌肉获取氧和营养物质相对较少，而肌肉的代谢废物也较不易排出，久而久之，会引起肌肉僵硬、酸疼，导致腰酸背痛。坐姿工作2小时以上即会产生肌肉疲劳感，使工作效率下降。所以，医学专家指出，久坐2小时，应起来走动10分钟。

4. 对视力的影响

长时间的伏案工作，使得眼球转动的频率减少，眨眼次数明显减少（由日常每分钟22次左右锐减到4～5次），眼睛特别容易干涩。盯着电脑屏幕，其闪烁会使眼睛不断进行调节，睫状肌易疲劳。此外，电脑屏幕也是个强发光体，同时电脑页面内容繁多，因此长时间用电脑视觉负担会很重，常使眼睛发胀。

三、坐姿类职业的锻炼方法

1. 力量训练

人体的各种活动都是在身体各部位肌肉牵动着关节和骨骼并克服各种阻力的情况下实现的。因此，肌肉张力是维持身体各种姿势的基础。坐姿时腰背部肌肉是主要的受力肌。锻炼坐姿时机体的主要受力肌群有很多方法，通过力量训练，可以增强肌肉弹性，改善组织血液循环，增强新陈代谢，防止或降低组织疲劳。针对坐姿类岗位对身体素质的要求，应主要发展腰背部肌群、颈肩部肌群、腕部肌群的耐力。

2. 柔韧训练

柔韧性练习对于需要长久静坐的人尤为重要，典型的例子就是汽车驾驶员。进行伸展性练习有助于提高驾驶员关节的灵活性，使其头部转动自如，能够向后转，越过肩部观察到一些盲点，从而有助于驾驶员完成平行停车以及倒车等。从事坐姿类职业的人群，应该针对颈部、肩部以及腰背部的肌群进行力量拉伸和环绕等为主的练习，使长时间僵持的肌肉获得放松。

3. 心肺训练

坐姿工作人员工作时间长，且相对固定地保持一种姿势，易使身心产生疲劳。此外，坐姿工作时，应该充分考虑到职业的特点，多选择有氧代谢为主的运动项目，如步行、爬山等有大肌群参与的慢节奏运动，以弥补运动不足。除加强全身锻炼外，还应选择养生的练习方法，如太极拳、气功等运动，以消除神经疲劳。

主题二　站姿类职业的特点与锻炼方法

一、站姿类职业的工作特点

现代社会分工精细，大部分工作的体位改变很少。护士、捕捞人员、外科医生、药剂师、教师、迎宾员、前厅接待员、餐厅服务员、售货员、厨师、模特等职业岗位服务人员，均需要在工作期间长时间站立，但在一定程度上可以活动，并且有机会在较小范围内做一些移动性活动，所以相对于立正式站立而言，其静力负荷的强度较小。

二、站姿类职业的负荷特点

1. 对血液循环系统的影响

长时间的站立，血液受重力的作用影响，静脉回流受到重力阻力滞留在心脏水平以下的血管中，静脉管壁较薄而容易扩张，增加了血管的容积，因此滞留大量血液，静脉回流下降。故站立时间较长会引起血管回心障碍，容易出现脚背水肿、趾关节炎或静脉曲张。发病时间一般为 6～8 年，妇女更易发生。位于心脏以上部位的颈、脑部也容易供血不足而出现头痛、头昏等症状。

2. 对骨骼肌的影响

人体的肌肉在平时会保持一定的张力以维持一定的身体姿势。站立时，腿部、腰背部、臀部的肌肉处于等张收缩，比坐姿时有更多的肌纤维参与静力性工作，从而维持相对较高的紧张性。尽管静力性工作的特征是能量消耗水平不高，氧需求量通常不超过 1 升/分钟，但是很容易产生腰背部和下肢疲劳。

3. 工作环境对工作者的影响

以站姿为主的职业都处于一种特定的工作环境中。因此，声音、光线、气味等都会对从事这些职业的工作者的身心健康产生影响。例如，厨师是在充满油烟的环境下工作，会影响他们的心肺健康；模特经常要在强光和喧闹的环境下工作，会影响其视觉和听觉的健康。

三、站姿类职业的锻炼方法

1. 力量训练

从事不同的职业需要不同身体素质。具体职业的身体活动部位是局部的、重复的、固定持续的，而完成各动作时，人体机能表现形式有差异。因此，其素质要求也就不一样。将来从事站姿类职业的学生，其工作较多涉及社会服务领域，身体常处于站立状态，对下肢的力量与耐力要求较高，为此在教学过程中应以发展他们的下肢和腰腹肌的力量为主。

2. 灵敏训练

由于站姿类职业需要工作者眼疾手快，有快速的反应能力，因此，在教学过程中要发展他们的灵敏性素质，可以考虑野外生存训练、轮滑等项目，改善身体的平衡能力和灵敏性素质。

3. 形态训练

从事站姿类职业的人员往往是所在单位形象的体现。她们的表现映衬着企业和公司的形象，反映了企业和公司的精神面貌。她们以笑脸迎人，以热诚服务为宗旨。在教学过程中可以开设形体健美操、瑜伽等课程，使她们形成正确的站立姿势和美好的形态。

主题三　变姿类职业的特点与锻炼方法

一、变姿类职业的工作特点

变姿类的工作一般既是脑力劳动，又是体力劳动，通常是十几小时不分上下班，或者长达几天连续工作，容易引起体能的透支而对健康造成损害。所以此类职业人员必须要有良好的心理素质和较强的抗压能力。当然，从市场的角度而言，还必须有协调能力和公关能力。

二、变姿类职业的负荷特点

从事兼有伏案、站立特征的变姿类职业者，如贸易人员、营销人员、导游、记者等，劳动（工作）时以坐、站、行走、乘车等相交替的姿势进行，时而是静立性工作，时而是动立性工作，静立性工作与动立性工作交替进行，且没有一定的规律。此类职业人员劳动（工作）时的负荷特点根据具体情况而定，参考前两类职业负荷特点。由于变姿类工作的劳动时间长，因此，其耐力素质和耐受能力的要求明显高过前两类职业。此职业人群有时没有固定的工作时间，长期在市内或城际奔波，工作不像办公室人员那样规律，随时可能要应对突发或者紧急事件，所以从事这类职业的人必须要具备较强的体魄、充沛的体力、敏捷的反应能力、良好的心理素质以及在不利环境中保持职业性工作的能力。

三、变姿类职业的锻炼方法

1. 耐力训练

耐力素质是指人体在长时间进行工作或运动中克服疲劳的能力，是反映人体健康水平和体质强弱的一个重要标志。这里特指心肺耐力（心肺功能）。下面以导游职业为例，介绍如何增强耐力素质。作为一名导游，在旅游旺季几乎每天要行走数十公里，因此需要具备较强的腿部力量及耐力素质。在选择运动项目时，可考虑健美操、游泳、长跑、健身走、爬山、跳绳、越野、障碍跑、攀登、爬楼梯等项目。

2. 灵敏训练

灵敏性素质是人体综合能力的反映。导游员长期在城际奔波，时常面对高山峻岭、惊涛骇浪，在旅途中随时可能碰到突发事件；营销员经常到处游说，且需对顾客提出的各种问题作出最敏捷、最准确的反应。因此，此职业岗位员工必须具备良好的应变能力。发展灵敏性素质的途径主要包括体操练习、武术、球类运动和游戏等。

3. 心理素质训练

变姿类职业员工除了要加强身体素质练习外，还必须增强自我健身意识，提高心理素质，这样才能适应现代社会快节奏、强压力的挑战。要想提高自身的心理素质，就应在平时生活中始终保持一种平和的心态，遇到紧急事情或始料不及的情况时，首先要保持冷静和思维清晰。将来从事变姿类职业的学生，可以通过参加防身自卫练习和拓展练习来提高自己的心理素质。

实践与探究

1. 体育与健康的“六大功能”是什么？

2. 结合“1—2—1”体育目标的具体内容，谈谈自己最喜欢的体育项目，并说明原因。

3. 结合自己的实际锻炼情况，谈谈你对“体育与健康”课程要求的认识。

4. 简述不同类型职业的负荷特点。

第二章　体育锻炼与身心健康

——教师寄语——

当你在学习中感到精神压力过重，或在生活中遇到有不顺心的事情时，大可不必陷入难以自拔的境地。建议你打一场球，出一身汗，或游游泳、爬爬山……从事适当的体育锻炼，可以有效帮助你忘记烦恼。如果你的身体状况良好，运动负荷可以稍大一些，让自己有适度的疲劳感，这样更有助于获得减压效果；身体状况欠佳或压力并不太大时，则应把运动负荷控制在适应范围内。

第一节　健康概述

运动箴言

如果你没有时间锻炼，那么你只能留出很多时间来生病。

主题一　科学的健康观

一、健康的定义

有人将健康视为金子，镀亮生命的岁月年华；有人将健康视为智慧的前提、快乐的基础；更有人将健康比作 1，而事业、爱情、家庭幸福及财富都是 1 后边的 0，只要拥有健康，其组合便可能是 10，100，1 000，10 000……然而，一旦失去健康，那么一切只剩下了“0”。上述比喻都强调了健康的重要性，那么健康究竟是什么呢？

长久以来，人们通常认为，健康就是“没病”，直到 1948 年，世界卫生组织（WHO）在其《世界卫生组织组织法》中指出：“健康不仅仅指没有疾病，而是指身体上、心理上和社会上的完好状态。”这使人们认识到健康不仅仅具有生物学特征，还应包括社会学内容。1989 年，世界卫生组织又进一步将健康定义为：“健康不仅仅是躯体没有疾病，而且还指心理健康、社会适应良好和道德健康，只有具备了上述四个良好状态，才是一个完全健康的人。”这是目前广受世界各地人们推崇的、最具权威性的健康定义，同时也成为现代社会每一个人努力追求的目标。

二、健康的内容

健康的内容包括身体健康、心理健康、社会适应能力良好和道德健康。

1. 身体健康

身体健康是指具有强壮的体力和体魄，主要包括生理功能状态良好，没有疾病并能抵御各种疾病的侵袭，身体发育匀称，体重标准，能适应自然环境的变化。中职学生的身体发育已经日趋成熟，体能和智力的发育已经达到了相当高的水平。

2. 心理健康

心理健康是指在心理上能够控制自己，能够正确地对待外界的客观影响，并使心理处于平衡状态。对于中职学生来说，常常表现为：能够应付繁重的学习任务，言行一致，表里如一，有完整的人格；能够调节自己的行为，克服各种困难；能够调节疲倦、抑郁、沮丧、孤独等消极情绪；能够忍受各种精神打击，从而保证自己的人格完整，达到心理平衡；能够使情绪基本上处于稳定的状态，心境平和。

3. 社会适应能力良好

良好的社会适应能力是指能够建立良好的人际关系，有适应各种复杂环境及其变化的能力。对中职学生来说，常表现为尊重自己和尊重他人，言行举止符合中职学生的年龄特征，能够直面社会上可能出现的问题，具有辨别是非的能力，遇事冷静思考，能够乐观地生活。

4. 道德健康

道德健康是指能够做到不损人利己，接受社会公认的行为准则，并以此来约束自己的言行；具有为他人的健康和幸福做出奉献的思想与行为；具有辨别善恶、美丑、荣辱、是非的能力。

专家提示

面对现代人“体力衰竭”的新的生存危机，教育家呼吁要建立一个旨在“学会生存”且不断演进的知识体系，即通过全面的终身教育来培养日趋完善的人。心理学家则更具体指出：这种“完善”应包括“语言、数学、逻辑、音乐、绘画、社交、体能、合作”八大部分内容。

主题二　健康的标准

世界卫生组织制定的身体健康新标准可用“五快”来衡量。

（1）吃得快，指食欲旺盛，吃得香，不挑食，充分反映了胃肠功能的完好及机体各系统的协调与统一。

（2）睡得快，指睡得香，入睡快，不择地点、环境，醒后精神饱满、头脑清醒，充分反映神经系统的完好及各脏器的协调。

（3）便得快，指大便规律，无便秘，排泄通畅，说明胃肠功能完好及自主神经调节功能正常。

（4）行得快，指步履轻盈，行走自如，活动灵活，充分反映体力强，精力充沛，心肺功能正常。

（5）说得快，指谈话流利、准确、洪亮，反映神经调节功能正常及心肺功能的完好状态。

世界卫生组织还对个体健康提出了涉及身体、心理和社会三个方面的 10 条衡量标准，具体如下。

（1）精力充沛，能从容不迫地担负日常生活和繁重的工作而不感到过分紧张和疲劳。

（2）处事乐观，态度积极，乐于承担责任，事无大小不挑剔。

（3）善于休息，睡眠好。

（4）应变能力强，能适应外界环境中的各种变化。

（5）能够抵御一般感冒和传染病。

（6）体重适当，身体匀称，站立时头、肩位置协调。

（7）眼睛明亮，眼睑不发炎。

（8）牙齿清洁，无蛀牙，不疼痛，牙龈颜色正常，无出血现象。

（9）头发有光泽，无头屑。

（10）肌肉丰满，皮肤有弹性。

主题三　影响健康的因素

健康是许多因素相互制约、相互作用的结果。根据健康的整体观念，现代医学将影响健康的因素归结为四大类，即生物性因素、环境因素、卫生服务因素、行为与生活方式因素。

一、生物性因素

人是一种生物，具有生物属性的人的健康受到多种不利因素的影响。微生物和寄生虫这些病原生物能使人患传染病和感染性疾病以及造成人的内分泌失调和免疫功能失常等，某些遗传因素会影响人的身体健康和正常成长，这些致病微生物和遗传因素称为生物性致病因素。

二、环境因素

环境因素包括自然环境和社会环境。

自然环境是指人类生态系统中包含的自然因素，如阳光、空气、水、山川、气候等。自然环境对人类健康有很大影响，人类要善于利用自然，开发自然，保护好人类赖以生存的环境，来增进健康，为人类造福。

社会环境是指影响人类日常生活的社会因素，由政治、经济、文化等要素构成。它包括物质生活条件和精神生活条件两方面的知识。良好的社会环境是人类健康的根本保证。创造一个优美、文明、健康、清洁的生活和工作环境，不能采取被动的行为——适应，而应当采取主动的行为——不断地改造社会环境，消除社会致病因素，积极争取健康的社会环境。

三、卫生服务因素

卫生服务是卫生医疗机构和专业人员为了达到防治疾病、促进健康的目的，运用卫生资源和医疗保健手段向个人、群体和社会提供必要服务的过程。卫生服务的医疗设施和制度，直接关系到生理和心理健康问题。由此可见，卫生服务的提供与利用对人的健康起着至关重要的作用。

四、行为与生活方式因素

行为与生活方式是指在一定环境下人们长期受一定文化、民族、经济、社会、风俗、规范，特别是家庭影响而形成的一系列生活意识和生活习惯的统称。

在现代社会里，不良生活方式和有害健康的行为习惯已经成为危害人们健康、导致疾病的主要因素，如吸烟、酗酒、缺乏锻炼、不良饮食习惯致使高血压、冠心病、糖尿病、高血脂等“现代生活方式病”的患病率不断增高。另外，电子游戏成瘾、网络成瘾等因素，已经成为危害人们健康、导致疾病的重要原因。

总之，对健康及其影响因素的分析，使我们清醒地认识到人的整体性以及人与自然环境和谐统一的重要性。人在与自然的相互协调过程中往往处于主动地位，而行为习惯和生活方式对健康和社会更具有举足轻重的作用。因此，对健康与影响因素的认识是人类对健康观念新的认识。

专家提示

运动会使人感觉快乐

你在从事一些有氧运动后，大脑会产生一种持久快乐的“内啡呔”

物质，即脑内吗啡，其最有效的物质为B-内啡呔，即进入a波状态，这种物质使人会感受到快乐，并增强人体内脏的免疫功能，中和活性氧毒素，促进生长激素分泌，增强肌肉，消除脂肪，有增进心身健康的生理作用。

第二节　中职学生的生理与心理健康

运动箴言

生活多美好啊，体育锻炼乐趣无穷。

中职学生正处在青春发育期的后半期，青春期是人一生中的第二次生长高峰，也是最后一个高峰。不论是在生理方面，还是在心理方面，都将获得飞速的发展，是人的成长中最关键的时期。如果这一时期的生长发育良好，会为将来的工作、学习、生活打下坚实的身体基础。增强了解青春期生理与心理的发展特点，对于科学地从事体育锻炼，增强体质，促进身心健康，是非常重要的。

主题一　青春期生理特征

中职学生的年龄一般在十七八岁，这一时期学生的主要发育指标有身体形态的变化，生理功能的逐渐完善和性发育的趋于成熟。

一、身体形态

身体形态指标主要包括身高、体重、胸围。学生生理上的第一大变化是身体形态的变化，显著的特征是身高迅速增长。青春发育期之前，身高平均每年增长3～5厘米。青春发育期，身高每年增长6～8厘米，有的甚至增长10～12厘米；体重也以每年5～6千克的速度迅速增加，有的甚至增加8～10千克。男女学生形态指标的发育形成第二次交叉，大多数男生在身高、体重、胸围等指标上都超过了女生。

二、生理功能

中职学生生理功能增强主要表现如下：

（1）心血管系统功能趋于稳定，心脏成长很快，心脏收缩能力提高，心率下降，心血管功能不断增强。

（2）肺活量和通气量增加。随着胸围、胸腔的扩大，肺活量也有较大的增长，女生16～17岁、男生17～18岁其肺活量可接近成人水平，具备了发展耐力的生理基础，身体可以承受较大强度的运动负荷。这一时期的学生可进行有氧耐力练习，如游泳、球类活动、长跑等。

（3）神经系统逐步完善。神经系统在生理发育上基本已达到成人的水平。脑神经纤维变粗增长，分支及腱鞘化，神经冲动的传递速度也大大增加，这就是为什么动作反应灵活、敏捷、协调而准确的原因。这时的大脑皮质的兴奋和抑制过程逐渐完善，能正确地判断事物，并做出精确的反应。更重要的是，处在青春期的中职学生驾驭语言文字的能力迅速发展，大大提高了个体对外界环境的认识能力和适应能力。

（4）耐力增长，性别差异显著。伴随突增期的逐步结束，骨骼生长趋缓，肌肉纤维的发育由纵向为主向横向为主发展，肌肉体体积增加，弹性增加，力量增强。女生与男生在力量上存在着显著的差异：女生臂肌静止耐力约为男生的1/3；腰和腹肌力量为男生的2/3；下肢爆发力为男生的3/4；速度、耐力为男生的4/5。

三、性发育趋于成熟

中职学生生理上的第三大变化是性发育趋于成熟，与此相联系的是性意识的产生。性发育是青春期最重要的表现之一，主要标志是第一性征发育成熟，第二性征开始发育。

☞**专家提示**

不可忽视的性教育

学生除了主动接受学校安排的青春期性卫生教育，加强艾滋病、性传播疾病危害健康的认识（性病已是我国第三大传染病）外，还应认识到：网络为社会发展提供了诸多方便，但同时也要加强对网络虚拟性、复杂性的认识，提高自我防范意识，自觉抵制不健康思潮，坚决杜绝“上黄色网站”等不健康行为。

在艾滋病感染人群中，15～28岁的年轻人占了感染者的50%以上，表明进行性道德教育、伴侣忠诚教育是非常必要的。

主题二　青春心理特征

（1）独立性增强。随着少男少女自我意识的建立，他们的独立性骤然增强，他们不再被动地遵从父母的教导和管理，而是渴望用自身的眼睛看待事物，用自身的尺度衡量是非曲直。这种从被动到主动、从依靠到独立的演变，对于青少年来说是成长的必然之路。

（2）情绪两极化。青春期的孩子感情浓烈，情绪的两极性展现得十分突出，既会为一时的成功而激动不已，也会为小小的落魄而反感绝望，情绪万变，时常发生莫名的烦恼、焦虑。

（3）青春期心理上“闭锁”。进入年轻期，少男少女终结了“少年不知愁滋味”的孩童时代，进入了“多事之秋”。如今由于心理的不断发展，情绪自控能力比孩提时有了较大的提高，学会掩饰、隐藏情绪，出现心理“闭锁”的特点。过去爱说爱笑的孩子，进入青春期也许会变得沉闷少语，常把自己关在房间里，很少和父母交谈，甚至推脱父母的关爱。

（4）青春期心理向成熟过渡。青春期是长大成人的开始，是由不成熟向成熟的过渡。这一过程对青少年来说是漫长而痛苦的。如今，他们既非大人，又非儿童，原先的孩童天地也被突破，但新的成人天地又尚未建立。因此，他们的心中充满矛盾和争论。比如，生理成熟提前和心理成熟滞后的矛盾；独立意识增强与实际能力偏低的矛盾；渴望外人的理解，但又心理“闭锁”的矛盾。

（5）行动易烦乱。美国和加拿大学者的最新研究指出，青春期青少年的大脑中，负责操纵情感和烦乱的神经尚未发育成熟，这是他们易烦乱的起因。

主题三　正确对待青春期性心理的发展变化

青少年发生的各种变化是青春期生理、心理发展的必然结果，是青少年由不成熟转化为成熟过程中的健康展现。

很多处于青春期的学生面对自己的变化，会表现得无所适从。下面对处于青春期的学生提出几点行为准则，供大家参考。

（1）不逞强，对于自己不能解决的问题，及时和老师、家长或同学沟通。

（2）学会控制情绪，遇到争执时言语使用一定要温和。

（3）信赖自己的倾吐对象。

（4）处理问题前多考虑，尽量将处理办法和过程想清楚再行动。

（5）信任父母长辈，告诉他们你的想法。

（6）衣着、谈吐健康，行为端正。

第三节 体育锻炼与生理健康

运动箴言

静止便是死亡，只有运动才能敲开永生的大门。

主题一 体育锻炼对神经系统的影响

人体的神经系统由脑、脊髓和它们发出的神经组成，是机能在遇到环境变化时，实现快速而精确调节的结构基础。

（1）经常参加体育运动能够改善神经系统的平衡性和灵活性，提高大脑的分析和综合能力。

（2）经常参加体育锻炼，能使神经的分析、综合和控制能力明显提高，从而改善神经系统的调节机能。

（3）经常参加运动的人在平时的生活、学习、工作中会表现得灵活、敏捷，大脑反应快，身体的适应能力和工作能力得到增强。

（4）经常运动可以促进神经系统的灵活性，即提高兴奋与抑制两个神经过程转化的速度。

☞专家提示

反序运动能健脑

在我们生活中，看到很多人倒着走，倒着走只是反序运动的一种。我们天天习惯用右手吃饭，但是你是否发现，换左手吃饭会怎么样？不习惯，不会吃了。反序运动的目的是启用你从来不启用的那套神经系统，指挥系统来回使用。开始的时候很别扭，很难受，但是这样做能够提高大脑的使用程度和刺激程度，起了很好的健脑作用。

主题二 体育锻炼对心血管系统的影响

一、改善心脏的形态结构和机能

体育锻炼可以使心肌的血液代谢过程加强。长期锻炼的运动员的心脏具有更大的收缩力，而且心脏的每搏输出量和每分钟输出量增加。到中老年时，还可延缓肌纤维退化过程。

二、体育锻炼可影响血管的结构和改变血管在器官内的分布

研究表明，体育锻炼可使动脉血管壁的中膜增厚，平滑肌细胞和弹力纤维增加，而在大动脉（主动脉）处弹力纤维占优势，在中等动脉（腰动脉）处平滑肌细胞占优势。此外，体育锻炼能使骨骼肌的毛细血管分布数量增加，分支丰富。这些变化都有利于改善器官供血，增强物质与能量的交换。

☞**专家提示**

体育锻炼能够反射性地引起冠状动脉扩张，使冠状动脉口径增粗，改善冠状动脉循环，使心肌的毛细血管增加，从而提高心肌中肌红蛋白含量，增强心脏在缺氧条件下的工作能力，对预防冠心病有着重要的意义，也是延缓冠心病发生的重要因素。

三、体育锻炼可促使毛细血管开放

这对于人体组织细胞的物质代谢过程，特别是脂质代谢，以及血管壁的弹性，都起着良好的作用，也是新陈代谢旺盛的人身体健康的保证。

四、体育锻炼可显著降低血脂含量（胆固醇、β脂蛋白、三酰甘油）

这会使低密度脂蛋白减少，高密度脂蛋白增加，对防治动脉硬化有着重要意义。另外，从事体育锻炼还可增强血液中抗凝血系统的功能，降低血中尿酸含量，预防血小板的聚集，以免发生血管栓塞。

五、体育锻炼可使安静时脉搏徐缓和血压降低

经过长期体育锻炼后，可使安静时脉搏从每分钟 70～80 次减慢到 50～60 次。脉搏频率的减少能使心脏收缩后有较长的休息时间，为心脏功能提供了储备力量。这样当人体进行激烈运动时心脏就能承受大运动量的负荷。

进行运动时，经常锻炼的人每分钟脉搏次数增加较少，而且恢复较快；不常进行体育锻炼的人脉搏次数增加较多，恢复也慢。正常人轻度运动时，脉搏增加越少，恢复时间越短，说明循环机能越好。

经过长期的体育锻炼，在完成定量工作时，心血管机能变化呈现以下特点：

（1）动员快。完成一定量的工作或劳动时，能迅速动员心血管的机能活动，以适应机体承受负荷的需要。

（2）潜力大。在极度紧张的劳作中，心血管系统可发挥最大的机能潜力，充分调动人体的储血力量。

（3）恢复快。在体力活动之后，虽然心血管机能变化很大，但能很快恢复到安静状态的水平。每次搏动及每分钟输出量增加时，自动脉流入心脏的血液也随之增加。

血液具有维持内环境的相对稳定的作用、运输作用以及防御作用。在体育锻炼的影响下，血液的成分及生化方面都可发生改变。适量的体育锻炼，会使血红蛋白和红细胞数量增加，从而增多了血液的溶氧量。

☞专家提示

长期锻炼可使机体碱储备增加，因而也增强了血液的缓冲性，在进行剧烈的肌肉活动时，虽有大量代谢的酸性产物进入血液，但血液也能在比较长的时间内保持正常反应，而不致因酸性产物对各器官组织造成刺激。

主题三　体育锻炼对呼吸系统的影响

体育锻炼能提高呼吸机能，主要表现为呼吸肌发达，收缩力增强，最大通气量增大，肺活量增大，呼吸差较大。一般人最大通气量为每分钟 80 升左右，最大吸氧量为 2.5～3.5 升，只比安静时大 10 倍；而经常锻炼的人每分钟通气量可达 100～120 升，最大吸氧量可达 4.5～5.5 升，比安静时大 20 倍。

此外，由于长期坚持锻炼，负氧质量增大，对缺氧耐受力强，氧的吸收利用率也较高，调节呼吸的节奏和形式的能力也较强。

主题四　体育锻炼对消化系统的影响

体育锻炼能使胃肠的蠕动加强，消化液的分泌增多，因而消化和吸收的能力提高，从而增加食欲。

☞专家提示

饭后立即进行比较剧烈的运动或比较剧烈运动后立即进食，都对消化系统有不良影响。因为在剧烈运动时，大脑皮层运动中枢兴奋占优势，以致减弱和抑制了其他部位的活动，使消化中枢处于抑制状态，因而减弱胃肠的蠕动，并减少了消化液的分泌。建议饭后半小时内不运动，饭后一小时内不进行剧烈运动。

主题五　体育锻炼对运动系统的影响

体育锻炼能保持肌张力，减小肌萎缩和退行性变化，保持韧带的弹性和关节的灵活性，使脊柱的外形保持正常，从而能够减少和防止肌肉、韧带、关节等器官的损伤和退化，使运动系统功能得到改善。

一、体育锻炼对骨的影响

体育锻炼时骨的血液供给得到改善，骨的形态结构和性能都发生良好的变化，骨密质增厚使骨变粗，骨小梁的排列更加整齐而有规律，骨骼表面肌肉附着的突起更加明显，这些变化使骨变得更加粗壮和坚固，从而提高了骨的抗折、抗弯、抗压缩和抗扭转等方面的能力。

二、体育锻炼对关节的影响

体育锻炼既可增加关节的稳固性，又可提高关节的灵活性。人体的柔韧性、肌肉活动的协调性加强了，就有助于适应各种复杂动作的要求。

三、体育锻炼对肌纤维的影响

肌纤维变粗，肌肉体积增大，因而肌肉显得发达、结实、健壮、均匀而有力。肌肉占体重比例增大。

第四节　体育锻炼与心理健康

运动箴言

体育运动可以增进人体的健康和人的乐观情绪，而乐观情绪却是长寿的一项必要条件。

主题一　体育锻炼有助于情绪的调节

体育锻炼能产生丰富的情绪体验，改善情绪状态。情绪状态是衡量体育活动对心理健康影响的最重要的指标。人生活在错综复杂的社会中，经常会产生忧愁、紧张、压抑等情绪反应，体育活动则可以转移个人不愉快的意识、情绪和行为，使人从烦恼和痛苦中摆脱出来。大学生常因名目繁多的考试、互相间的竞争等而产生持续的焦虑反应，经常参与体育活动可使自己的焦虑反应减少。

专家提示

经常参加身体锻炼者的焦虑、抑郁、紧张和心里混乱等消极的心理变量水平明显低于不参加身体锻炼者，而愉快等积极的心理变量水平则明显要高一些。

参加体育活动，尤其是那些自己喜爱和擅长的体育活动，可以使人从中得到乐趣，振奋精神，陶冶情操，从而产生良好的情绪状态。情绪为客观事物与人们的需要关系所决定。体育活动本身蕴含着许多对人们的各种刺激，如竞争、冒险、克服困难、把握机会、追求不确定结果、体验成功与挫折等，这些都会相应地引起人体的各种情绪体验，这是体育活动本身特点所决定的，也是体育活动的魅力所在。

主题二　体育锻炼有助于培养优秀的意志品质

意志品质既是在克服困难的过程中表现出来的，又是在克服困难的过程中培养起来的。而体育锻炼的特点在于需要不断克服客观困难（如气候条件变化、动作难度等）和主观困难（如胆怯、畏惧和紧张等），是培养坚强意志品质的有效手段。例如：通过场上形势瞬息万变的球类项目（足球、篮球、排球、手球等）可以锻炼自己果断的意志品质；通过需要克服生理极限、持久性的项目（长跑、游泳等）可以锻炼自己坚忍的意志品质；通过需要腾空、跨越障碍的或有一定危险性的项目（跳高、跨栏、体操、武术等）可以锻炼自己勇敢的意志品质。锻炼者越能努力克服主、客观方面的困难，也就越能培养良好的意志品质。

因此，体育锻炼有助于磨炼大学生的意志，对培养大学生吃苦耐劳、坚忍不拔、果断、勇敢、自控、自信等良好心理品质具有很好的促进作用。

主题三　体育锻炼有助于树立良好的自我概念

自我概念是个体主观对自己的身体、思想和情绪等的整体的评价，它是由许许多多的自我认识所组成的，包括我是什么人、我主张什么、我喜欢什么、我不喜欢什么等等。由于坚持体育锻炼可使身体强健、精力充沛，因而体育锻炼对改善人的身体表象和身体自尊有重要的影响。身体表象是指头脑中形成的身体图像。身体自尊主要包括一个人对自己运动能力的评价，对自己外貌（吸引力）的评价，对自己身体的抵抗力和健康状况的评价。身体表象障碍在正常人群中普遍存在。如研究表明：54%的大学生对自己的体重不满。与男性相比，女性倾向于高估自己的身高和低估自己的体重；身体肥胖的个体更容易有身体不健康的表象和身体自尊的障碍。身体表象和身体自尊与整个自我概念有关，其主要表现为无论是男性还是女性，对身体表象不满意就会使自尊心下降，并产生不安全感和抑郁症。有研究表明，肌肉力量与身体自尊、情绪稳定性、外向性格和自信心呈正比，并且加强力量训练会使个体的自我概念显著增强。

主题四　体育锻炼有助于消除心理障碍和治疗心理疾病

现代社会中，由于竞争的激烈和生活压力的加大可能会使得许多人产生悲观、失望的情绪，进而导致抑郁、孤僻等各种心理障碍的产生。

☞专家提示

体育锻炼有助于人们摆脱压抑、悲观等消极情绪，降低焦虑、消极、忧郁等心理障碍，使人们保持心理平衡，达到心理健康的目的。

人们参加某项运动并坚持锻炼，不仅他们的生理机能、身体素质将会得到改善，而且他们也会相应地掌握和发展一些体育的技术技能。当取得这些成绩后，个体会以自我反馈的方式传递其信息到大脑，从而产生自我成就的体验，产生愉快、亢奋和幸福感。譬如，锻炼者在体育锻炼中若能完成自己制定的锻炼计划，达到具体的目标，将会获得心理满足，产生积极的成就感，从而增强自信心，具有很好的消除心理障碍的效果。

美国的一项调查显示，1 750名心理医生中有60%的人认为应该将体育锻炼作为一种治疗手段来消除焦虑症；80%的心理医生认为体育锻炼是治疗焦虑症的有效手段之一。焦虑和忧郁是普通人和精神病患者遇到的两种常见的情绪困扰，大量研究表明体育锻炼能有效地减轻焦虑和忧郁症状。就目前而言，尽管这些心理疾病的病因以及体育锻炼为什么有助于治疗心理疾病的基本机制尚不清楚，但体育锻炼作为一种心理治疗手段在国外已开始流行开来。在中职学生中，有不少人由于学习和其他方面的挫折引起了焦虑和忧郁症，通过体育锻炼就可以减缓或消除这些心理疾病。

第五节　体育锻炼与社会适应能力

运动箴言

身体教育和知识教育之间必须保持平衡。体育应造就体格健壮的勇士，并且使健全的精神赋予健全的体格。

体育运动能够培养个体的社会适应能力，所谓适应能力就是个体采取各种调整措施，为改变自我顺应环境的能力。随着社会的高度发展和生活节奏的加快，我们每一个人都面临着各种各样的压力和不适，如何及时调整自己的心态，纠正那些不合时宜的思想观念，使自己融入到社会中并适应社会的发展，是我们每一个人都应积极面对的问题。

主题一　体育锻炼有助于形成社会的个性特征

个性特征是在生理和心理先天素质的基础上，受一定社会环境的影响，通过实践锻炼和陶冶，逐步形成的观念、态度、习惯和行为。一个人的个性心理特征包括人的能力、气质和性格等，其中尤以性格产生的影响最为重要。人的性格多种多样，有的人热情、坚定、果断，有的人冷漠、动摇、懦弱，有的人固执、自信、骄傲，也有的人优柔、谦和、自卑。研究表明：具有外向、活泼性格特征的人，容易激发自己的运动兴趣，喜欢参加体育活动；反之，自卑感重、不活泼、不稳定，具有懦弱、内向等消极性格的人，则不愿意参加或较少有主动从事体育锻炼的欲望。因此，要鼓励自卑感强的人积极参加适合自己的体育活动，在运动中发现自己的个性优点，发现自己的不足，达到完善自我认识、自我发现和自我改造，以及发展个性和实现个体社会化的目的。尤其是参加团队比赛，每一位参与者都不同程度地要接受团队活动的约束、限制、督促与激励，这将促使个体必须适应群体的需要，其中不仅有个性的展现和发挥，更重要的是体现团队精神。在任何集体活动中，凡合作者都将得到赞扬和激励，反之则会受到鞭笞和批评。多数人基于这种约定俗成的道德规范，以及自尊、自强与自信等自我意识的正面影响，为了与群体保持一致，总是愿意接受来自群体的监督和帮助，希望通过调整与约束自己不合时宜的个性特征，采取有利于集体利益的行为方式，期望在群体中取得别人的认可。因此，通过多次的这种适应和调整则能促使个体达到适应社会的目的。

主题二　体育锻炼有助于培养适应社会的角色观念

不同的社会角色细分了每个社会成员的职业，不同的社会成员构成了五彩缤纷的社会。体育依其在场上位置的分工和协作要求，培养提高每一位参与者适应社会需要的角色观念。在体育运动的团队项目中，无论每一个人想要扮演什么角色，都必须分工明确且又互为关联。至于其组合是否合理，也不完全取决于一个人对承担角色的认可，而是要以被团体其他成员接受为前提，并以能否实现团体目标作为检验每个成员是否胜任角色的标准。这表明，在与同伴合作的体育锻炼中，唯有使个体的角色行为被同伴信赖，或能够产生良好的综合效应，才算这种角色分工具有真正的社会价值。比如，无论是组织锻炼小组，开展游戏活动，或相约同伴举行一场友谊比赛，究竟应由谁承担组织领导者，由谁充当追随支持者，都要根据每个人的特长与能力，在事前有个明确的分工。如果各自的角色一旦确定，那每个成员就应该在该位置上发挥作用，同时也要承担相应角色的义务，这样才能通过不同角色的协调，产生有利于互动的社会关系。其实，我们通常强调的协作意识和团队精神，就是通过体育锻炼对培养角色观念的具体要求来体现的。

在当前各学科既明显呈现高度分化又相互渗透，既纵横交错又向高度综合文化方向发展的新态势下，由于体育锻炼本身蕴含的协作因素，可以促使锻炼者按协调配合角色互补原则，妥善处理同伴与同伴之间、同伴与对手之间的相互关系，培养适应社会需要的角色观念，潜移默化地去承担社会中自己相应的权利、义务与责任。

主题三　体育锻炼有助于培养适应社会的生活方式

人类进入 21 世纪，高科技开创的文明与繁荣，使人民群众的生活水平有了很大的提高，人民群众的空闲时间也逐渐增多，但由于劳动方式的改变、生活节奏的加快与人际关系复杂等因素，导致了现代文明病的不断产生。为了避免体力的下降，提高生活质量，丰富人们的余暇时间，人们在对各种活动方式进行认真比较之后，更寄希望于丰富多彩的体育锻炼，把它作为现代生活方式的一种重要手段，这是未来社会发展中人类最明智的选择。由于体育锻炼具有动态性、趣味性、娱乐性、保健性与休闲性，所以不仅可以通过肢体活动使高度疲劳的神经系统得以休息，而且还有缓解精神紧张、调节身心平衡、提高健康水平的功能。

面对现代生活节奏加快的不可逆转性，为了解决身体对社会的不适应性，人们通过体育锻炼掌握运动技能，并以这种快速、敏捷的生活方式提高人体对快节奏生活的应变与耐受能力；为了消除精神对社会的不适应性，人们通过户外运动拓宽生活领域，并以这种回归自然本源的活动方式，克服对快节奏的抵触、恐惧、烦怨和焦虑等心理障碍。正是由于体育锻炼的这种特性，才使它在现代化生产劳动中能够预防和消除许多精神和肉体的不适应症。

总之，体育锻炼所具有的自我肯定和激励情感，以及对抑制焦虑、缓解消极情绪所起的积极作用；体育锻炼在培养团队协作、改善人际关系方面所具有的能力；体育锻炼在转移受压抑感、舒缓挫折心境时所起的良好作用；体育锻炼在改善血液循环和中枢神经系统方面的功能，都为养成健康生活方式、增进身心健康、适应生存竞争和享受生活乐趣提供了科学依据。

实践与探究

1. 简述健康的概念。
2. 中职学生青春期生理的主要特征是什么？
3. 体育锻炼的作用是什么？

第三章 体育锻炼的科学方法

——教师寄语——

体育锻炼不仅可以提高健康水平，还能提高人的基本活动能力。但是，如果锻炼方法不科学，不仅不能增进健康，反而有害健康。在体育锻炼的实践中，那些真真切切的体验和通过奋力拼搏得到的快乐，使你感受到健康的价值，增强了终身体育的意识和运动能力。

第一节 体育锻炼要讲究科学性

运动箴言

我生平喜欢步行，运动给我带来了无穷的乐趣。

如今，越来越多的人崇尚健康，运动健身蔚然成风，但有些人不考虑自己的身体情况，盲目跟风，结果可能适得其反。

主题一 体育锻炼缺乏科学性的特征

体育锻炼缺乏科学性的特征如下：

（1）对自己身体状况不够了解或缺乏正确的评估。

（2）缺乏运动损伤防护的基本知识。

（3）缺乏正确的运动技巧及技能训练。

（4）运动伤害发生后，不知如何寻求正规的医疗途径，导致一些永久的伤害，缩短了运动生涯。

（5）接受治疗或手术受伤后，缺乏积极完善的物理治疗，因而导致复原缓慢或复原不全。

☞专家提示

单纯出汗不能减肥去脂

人在运动中大量排汗时，减掉的只是身体里的水分，而不是脂肪，应当适量跟进一些力量训练，才能有效减脂。

主题二　远离体育锻炼的误区

人体是个精密系统，视自身情况量力锻炼，才能收到健身效果。如果很久不运动，某天心血来潮突然“暴动”，就会容易出事。运动猝死虽然很突然，但并非没有任何预警信号。不少人在运动时可能出现胸闷、气促、心慌、头痛、恶心等情况，如果这样就很可能导致悲剧的发生。近年来，屡屡发生运动猝死的案例就是前车之鉴，应引起所有体育锻炼者的高度重视。

常见的锻炼误区有以下几点：

一、定点减肥

人们形容庸医治病是“头痛医头，脚痛医脚”。定点减肥的想法与此类似。例如，为了减去小肚子，就拼命做仰卧起坐；觉得大腿粗，就天天练习抬腿运动。遗憾的是，特定部位的脂肪无法被消耗、被扩散。脂肪通常只能在最后积累最多的部位或从全身各处以相同的速度减少。

定点减肥的努力也并非完全徒劳。这些锻炼有助于肌肉变得更结实，并且使你自我感觉更好。同时，力量训练有助于消耗热量，并且在锻炼结束后仍然继续消耗。但是，你不必为了追求效果而成百上千次地重复这些锻炼，事实上，过度锻炼弊大于利。

☞专家提示

有氧运动与力量练习相结合才是正确的减肥方法

在有氧运动中，身体把储存在体内的脂肪当作燃料来消耗，同时被消耗的还有体内的糖原（在血液、肌肉和肝脏中）。研究显示，在适中强度（达到最大心率65％的强度）有氧运动的前20分钟，身体消耗的大多的是糖原，45分钟的有氧运动比相同时间、相同强度的力量练习消耗的热量还要多。

有氧运动能达到消耗热量的目的，但却不能长时间地提高新陈代谢率。力量练习虽不能长时间提高心率，但它却增加了肌肉热量，从而使新陈代谢率得到提高，使人在休息时也能消耗更多的热量。有氧运动与力量练习相结合才能正确减肥。

二、晨练比暮练好

很多健身者都热衷于晨练，认为晨练比暮练好。事实上，早晨人体的血液黏稠度高，血栓形成的危险性相应增加，是心脑血管病发作的高峰期。相反，黄昏是体育锻炼的理想时间。黄昏时分人体的血小板含量比清晨低 20%左右，血液黏稠度降低 6%，心脏病的发生率比其他时段低得多；黄昏时经过大半天时间人体对活动已经适应，此时人体的吸氧量最大；黄昏时分人体的心跳、血压最为平稳，最适应运动时心跳、血压的改变；黄昏嗅觉、听觉、视觉、触觉最敏感，人体应激能力处于一天中的最高峰。所以，应该是暮练比晨练好。

三、运动时要克服身体各种不适和痛楚

这是一种非常危险的错误观念。如果在运动中出现胸闷、胸痛、气短等症状，应立即停止运动，必要时应到医院进行治疗，强行继续运动常会招致不良后果。

四、肌肉疼痛需天天练才能锻炼得好

许多人在力量训练时常常用较重的器械及较大的强度，认为只有感到肌肉疼痛了才锻炼得好，而且认为应该天天练肌肉才能越来越发达。健身运动会产生轻微的肌肉，但肌肉会在一定时间内缓解消失，这与疼痛不一样，疼痛只能说明锻炼过度或训练不当，意味着损伤，应停止锻炼进行治疗。肌肉锻炼会消耗大量的营养物质，运动结束后，经过适当的休息，肌肉中的营养物质才会得到补充，而且补充的量会比消耗的还要多，这种现象在生理学上叫做“超量恢复”。“超量恢复”使肌肉获得更多的营养物质，越练越发达。有研究认为，休息时间以肌肉再次具备上次运动能力为标准计算，一般需要 2～3 天。

☞**专家提示**

拉伸指南

做拉伸运动的最大好处是可以提高身体的柔韧性，常做拉伸运动可以使你保持和增强身体的柔韧性，运动自如。做一些拉伸运动，比如伸伸胳膊，扭扭腰，可以减少剧烈运动带来的受伤概率，减轻肌肉酸痛。拉伸运动也有利于塑造良好的体形，平衡不同肌肉群之间的力度和柔韧度。

做拉伸运动的正确方法是缓慢和放松，具体方法如下：

1. 做拉伸运动的时候，保持每个动作 10～30 秒。

2. 不要把拉伸运动做到引起疼痛的程度，这会拉伤你试图放松的肌肉。

3. 深呼吸以增强拉伸运动的效果。

4. 每一个拉伸运动重复 2～3 次或更多。

5. 试着加深每一个拉伸运动的程度，保持在轻度紧张的状态。

6. 在做屈膝的拉伸运动时，膝盖不要超出脚趾，否则会加大膝盖的压力。

五、只要锻炼，什么形式都行

不是所有的运动方式都适合每一个人，如膝关节有骨性关节炎及退行性改变者，不适合爬楼梯、深蹲、架势太低的太极拳等活动；高血压、心脏病患者不适宜进行剧烈的运动。锻炼者选择锻炼项目的依据是自身生理健康状况及生理阶段，进行运动一定要根据自己的身体条件量力而行，尤其是慢性病患者，在运动前最好咨询专科医生。

六、只要运动，就可以加速膝关节退化

随着年龄增长，膝关节会产生退行性变化，这是自然现象，但因此完全停止运动是错误的。人不运动容易患骨质疏松症，肌肉萎缩，身体也会缺乏敏捷性和协调性，体能下降。膝关节有病变的人并非不能运动，但应尽量减少负重与长距离行走，长时间站立，不要练习跑跳、深蹲等。最好选择对膝关节没有损伤的运动，如游泳、骑车、散步、垫上动作等。

七、运动就应“风雨无阻”

为表示锻炼的决心和恒心，有的人即使在刮风、下雨、飘雪等的恶劣的气候条件下也不肯中止锻炼，这也是不可取的。大风刮起尘土飞扬，此时锻炼会吸入过多的尘土，对肺部不利；雨中健身，很容易着凉感冒；下雪路滑，很容易跌伤，如果造成骨折就更得不偿失了；雾天空气质量差，雾中含有很多苯、浮尘等有害物质，运动时呼吸量增加，吸入过多有害物质会引起呼吸道疾病和过敏性疾病，严重者会出现呼吸困难、心悸等症状，心脑血管疾病患者尤其不可在这种天气外出活动。

八、运动前无需做热身运动

不论你从事哪一种运动项目，都要做5～10分钟的热身准备活动。慢跑和步行也一样，只不过步行前只需做一些轻柔的放松或最初5分钟完成放松地行走，而慢跑在开始时，应跑得十分慢。

九、强度越大效果越好

许多人都倾向于大强度的锻炼，指望迅速取得成效。但是，这样做虽然可能会导致体重减轻，但减轻的是水分，减去的体重与减少脂肪和肌肉组织无关。想要减去1千克脂肪，必须在1天中消耗9 000千卡热量，这实际上是不可能的。

☞专家提示

脂肪在被用作锻炼的燃料时才会被消耗。在进行简单到中度的有氧运动约20分钟后，才开始主要由脂肪供能。主要肌群都参与的中低强度、有节奏的持续运动才能更有效地消耗脂肪，如骑自行车、跳绳、步行、慢跑、舞蹈和游泳等。要消耗脂肪，至少要运动40分钟。

主题三　常见练习：错误方法 VS 正确方法

一、跑跳练习

错误的的方法：当你锻炼身体前做热身运动时，如果不断用脚尖来回蹦跳，会使小腿肚肌肉缩短，其后果是痉挛。

正确的方法：热身运动应使整只脚都承受负荷。例如，跑步时应从脚后跟向趾尖一次落地。当你向侧边或前后跑步时，应使脚后跟和趾尖分别来回的承受负荷，练习中间应该经常重复两脚抖动放松。

二、仰卧腹部练习

错误的方法：抬起上身，下巴向胸部下压，动作做得太猛时，腹部会被挤压。其后果是腹部肌肉没有绷紧，而脊柱变弯曲。

正确的方法：颈部放松，头放在两手上，手肘向外，只将上部脊柱（从胸部起）提起，而肩胛骨不要收缩。做任何腹部练习时，都要将腹肌轻微绷紧。

三、臀部练习

错误的方法：两臂向前伸展或交叉在身体前面，脊柱后凸，长此以往可能产生疼痛性痉挛。此外，这样也不能正确地深呼吸。

正确的方法：做这种力量训练时最重要的是挺胸，因为你站立并挺直，但同时放松时，你的整个脊柱就减轻负担，颈部和肩部也得以放松，胸腔扩大，从而使呼吸畅通无阻。

四、伸展练习

错误的方法：双腿伸直，屈身，两手着地。这种后大腿伸展练习法已列入许多健身和放松教程之中，殊不知这是对脊柱、椎间盘和膝关节韧带的一种折磨。

正确的方法：将一腿向前迈一步，脚尖绷紧，双腿微屈，背部挺直，往前屈身，用两手支撑身体重心，这样能减轻背部负荷。

五、俯卧撑练习

错误的方法：双臂完全伸直，两手关节往外扭，背部完全下弯。这种俯卧撑对脊柱、臂关节、手关节和足关节都会造成劳损。

正确的方法：初练者应首先采取猫弓背姿势练习俯卧撑（锻炼臂部和肩部肌肉）。两手和两前脚掌撑地，身体俯卧，全身绷紧，重量移至两臂，两臂弯，连续平起平落，在平起时，两臂切不可完全伸直。

六、头部旋转练习

错误的方法：许多人喜欢以头部旋转练习作为放松和健身的良方。现今，人们已发现，这种放松练习反而会使颈椎负荷过重。

正确的方法：为使痉挛颈肌得以放松，最重要的是将头部尽量保持挺直和将颈伸长。以此姿势出发，可做各种不同的练习。例如，将头部轻柔地扭转至一侧和轻轻地点头。

☞**专家提示**

器械训练不会让女子长出像男人一样的肌肉

大多数女性朋友一提到器械训练，就要摇头摆手，担心会练得像男性一样肌肉发达。其实大可不必担心。首先，从生理上看，由于女性身体内雄性激素较少，雌性激素较多，肌肉合成能力较差，脂肪合成能力较强；其次，即使是利用器械进行肌肉负荷训练，由于所进行的训练方式不同，产生的结果也不同，要想长肌肉也是很难的事；从训练方法上看，小重量、多次数的训练，不但不易长肌肉，还会消减多余的脂肪。所以女性合理地进行器械训练会使体型更优美。

第二节 体育锻炼的注意事项

运动箴言

以科学锻炼益寿延年中外有例，靠迷信健身长生不老古今无据。

日常健身运动计划的三个关键部分是：准备活动、主要身体活动和整理活动。

主题一 选择合适的体育锻炼内容

学生在参加运动之前，最好请医生对自己的身体状况做一次检查，如心肺功能检查、心电图检查等，做出客观的评估。然后锻炼者才可以根据个人的实际情况灵活选择体育锻炼内容。中职学生由于体力较强，关节的柔韧性比较好，可以选择一些运动幅度比较大、强度较强的运动，几乎所有的运动项目都可以选择，主要看个人的兴趣爱好。但是，健身主要应以有氧运动为主。一旦选择了一个或几个运动项目，则应该做到持之以恒并尽量掌握正规的技术。

跑步是最简单、最经济的运动形式。只要有一双富有弹性的运动鞋，一套合身的运动服装，就可以制定一个详细的运动方案。由于跑步时，人体的重量全部作用在关节上，所以对关节的损伤比较明显，许多人在跑步一段时间后就明显感觉到膝关节疼痛，所以建议曾经有过膝关节病、身体比较胖、体重较重的人一般不选择跑步这种运动形式。

球类运动具有较强的趣味性，是大众乐于接受的运动形式。由于有些球类运动冲撞比较激烈，对于体弱者就未必适合。

游泳、功率自行车、划船等项目要求运动者具有较大的运动能力，所以作为有氧训练比较合适，对提高运动能力非常有帮助。

有氧健身操、有氧舞蹈是近几年兴起的比较时髦的运动形式，对于提高人体运动能力，提高关节柔韧性，提高心肺功能，改善心脑血管等非常有帮助，男女老少都可以选择。

☞ **专家提示**

在长期的体育锻炼中，锻炼者应该根据季节气候的变化合理安排体育锻炼内容。例如，春季应该以有氧练习为主，同时预防损伤，预防感冒；夏季锻炼应该选择慢跑、散步、游泳、羽毛球等项目，最好在傍晚锻炼，运动中和运动后注意补充水分，防止脱水和中暑；秋季锻炼应选择球类、武术、长跑等项目，注意增减衣服，多补充水分；冬季锻炼可以选择长跑、跳绳、拔河、滑雪、溜冰等项目，注意做好准备活动和锻炼时的呼吸方式等。

中职学生正值生长发育的黄金时期，宜多做如跳绳、跳高等弹跳运动，此类运动既能促进骨骼生长，又能健脑益智，增强敏捷性与思维能力。女生还可多做一些健身操，以保持形体健美。此外还应配合加强腹肌、骶肌和防肥减肥的项目，如仰卧起坐、抬腿扩胸、瑜伽、跳绳等。但女生在月经期等特殊生理时期不宜多锻炼。

主题二　运动前的科学准备

准备运动俗称“热身”，是为了使人体逐步从安静状态过渡到紧张的活动状态。在进行体育锻炼前做好充分的热身，对于体育锻炼者来说是非常重要的。热身有利于增加肌肉的血液提供，降低血液黏滞性，有利于关节滑液渗出，增加关节灵活性及充分提高肌肉和关节韧带的弹性，增强抗拉能力，使运动的健身效果更明显。每次体育锻炼前应当进行充分的准备活动，逐步提高中枢神经和机体各系统的兴奋性，克服机体的生理惰性，使各系统在体育活动时发挥最大的效率，并减少运动对机体的伤害。

准备活动分为一般性准备活动和专门性准备活动：一般性准备活动是在练习前进行的活动量较小的全身性练习，如慢跑、徒手操等，主要目的是让全身各器官为即将开始的锻炼做好准备，其活动时间一般为5～10分钟，并随季节变化适当延迟或缩短；专门性准备活动是指做与练习专项活动结构、用力顺序相似的模仿练习，这有利于专项动作的协调。

准备活动中应注意的问题如下：

（1）内容。一般的体育锻炼只需进行一般性准备活动，如跑步、踢腿、弯腰、活动脚踝及手腕等。

（2）时间和量。运动的时间和量主要随体育锻炼的内容而定。半小时的体育锻炼，其准备活动的时间一般为10分钟左右。气温较低时，准备活动的时间可适当长一些，量可稍大一些；气温较高时，时间可短一些，量可以小一些。准备活动要到身体微微出汗为好，即使在冬天也应如此。此外，进行一项自己从未参加过的体育运动之初，持续活动的极限在15分钟，以后可以隔一天增加一些运动量。

（3）时间间隔。一般人参与体育锻炼时，准备活动后接着进行锻炼即可，中间不必休息，否则会降低准备活动的效果。如果要参加正式运动或比赛，准备活动后要休息几分钟再进入正式运动及比赛。

专家提示

不宜空腹运动

有些人清晨起床，什么也不吃就奔赴运动场锻炼身体去了。其实空腹运动对身体是不利的。空腹运动，尤其是长时间空腹运动，体内血糖大量消耗，血糖浓度降低，使脑和交感神经功能受到影响，出现头晕、心慌，甚至眼前发黑等症状，糖尿病患者还会出现低血糖昏迷。运动前，锻炼者可吃一两片面包或两三块饼干，但是运动前也不可吃得太多，否则容易引起消化不良、胃炎等疾病。

主题三　运动中的注意事项

一、正常环境中运动负荷的控制

进行一次体育锻炼时必须掌握适宜的运动负荷，运动负荷要遵循循序渐进的原则，在运动开始后的负荷变化要遵循人体生理机能活动能力变化的规律，使负荷有一个逐步上升、相对稳定和暂时下降的过程。

每次锻炼的时间应该至少在 30 分钟以上，同时注意负荷量和负荷强度的合理搭配。一般情况下，每天锻炼 1 小时的效果最好，但同时也应该因人而异，身体机能好的人，时间可以长一些；机能差的人，时间相对可短一些。

体育锻炼者在锻炼过程中应该学会检测运动负荷的方法，常用的方法主要有以下几种：

1. 测运动时的脉搏

在体育锻炼过程中或者锻炼后即刻测 10 秒的心率和脉搏，一般锻炼者不超过 25 次/10 秒。脉搏次数过高，主要是发展无氧代谢能力，对提高生理健康水平意义不大，且会增加心脏负担，导致意外事故出现。即使是特殊需要，锻炼者运动心率也不要超过 30 次/10 秒。

2. 根据年龄控制运动负荷

锻炼负荷与人的年龄有密切关系，随年龄的增加，人体的运动能力逐渐下降，运动负荷也应该相应减小。

3. 根据“晨脉”调节运动负荷

“晨脉”是指每天早晨清醒后（不起床）的脉搏数。一般情况下，每个人的晨脉是相对稳定的。如果锻炼后，第二天晨脉不变，说明运动负荷适宜；如果第二天的晨脉较以前增加 5 次/分钟以上，说明前一天的负荷偏大，应适当调整运动负荷。

4. 主观感觉

锻炼时感觉轻松自如，并保持浓厚的兴趣，锻炼后有适度的疲劳感，说明运动负荷适宜；如果锻炼时呼吸困难、情绪低落，锻炼后感到极度疲劳，甚至厌恶运动，则说明运动负荷过大，应及时调整负荷。

二、湿热环境中运动的注意事项

1. 根据实际情况适当减小运动负荷或暂停运动

一般来说，人体在二十六七摄氏度气温以下进行健身运动是相对安全的，随着气温继续升高，就应该适当减小运动负荷，并加强防护措施。

2. 及时补水

在运动前（喝 2 杯或 16 毫升水）和运动中（每 15～20 分钟喝 1 杯或 5～10 毫升水）及时补水，在运动后也要根据减轻的体重补水（每减轻0.453 6千克体重约补充 16 毫升的水）。对于持续 1 个小时以上的运动，应补充运动饮料，这对补充运动中损失过多的电解质十分有利。

3. 适宜的着装

在湿热环境中进行健身运动需要穿着适宜的服装，有空隙的服装便于空气带走身体的多余热量。另外，运动后不要急于换下汗液湿透的运动服，干燥的运动服不利于身体散热。

4. 适当地利用运动间歇

运动过程中需适当地安排休息。

5. 注意观察练习中的身体状态

观察身体状态的变化，如果出现任何湿热环境下运动不适应的征兆或症状，就应立即停止运动。

三、寒冷和多风环境中的注意事项

1. 根据情况安排健身计划

如果在皮肤暴露的情况下，30 分钟以内即导致冻伤，应该限制或暂时取消健身运动。

2. 适宜着装

穿着重量轻的多层服装，贴身的一层衣服需要是有助于散发皮肤水分的、吸水性强的材料，不要穿有空隙的、不利于保暖的衣服，手、脚、鼻子、耳朵极易发生冻伤，需要特别加以覆盖和保护。

3. 保持身体干燥

在寒冷和多风的环境中进行运动时尽量不要把身体弄湿，以保持热量。

☞专家提示

体育锻炼如何做到持之以恒

制定一项运动计划容易，难的是将它长久坚持下来。实际上，多数人最大的问题是当新奇感消失后很难将计划继续坚持。以下是一些建议：

- 在问题出现之前想好对策；
- 不要设定不切实际的目标，不管是时间上的还是努力程度上的；
- 要有计划，但不能刻板，当计划不能完成时不必感到内疚；
- 寻找同伴一起运动——这可以防止你在最后一刻放弃运动！

主题四　运动后的饮食与补水

一、不要急于进食

激烈运动会引起内脏器官血流量减少，使胃酸分泌减少，消化功能下降。运动后若立即用餐，会导致胃胀、腹痛，严重的甚至会引起十二指肠炎、急性胃炎、阑尾炎等疾病。

体育锻炼后，要使心脏功能稳定下来，胃肠道机能逐渐恢复后再用餐。这段时间一般为半小时，如果是下午的较剧烈的体育锻炼，间隔的时间应相对更长。

二、运动后的补水是可行的

与体育锻炼后进食不同，体育锻炼后的补水是可行的，只要口渴，在运动后，甚至在运动中即可补水。在天气较热的情况下，大量排汗引起体内缺水，不及时补水可能会造成机体脱水、休克等症状。所以，运动中丢失的水必须及时补充。最近的研究发现，中等的体育锻炼后，胃的排空能力有所加强，因此，运动后或运动中的补水是可行的。马拉松比赛途中的饮水站，也说明运动中补水是非常必要的。

☞专家提示

补水要注意科学性，不可暴饮

运动过后，又渴又累，很多人就迫不及待地端起了大杯，狂饮一顿，这样是不对的。在正常情况下，人体摄入的水量应与排出的水量平衡。运动时因出汗多，需水量较大，必须补充水分，但是不能感到口渴口干后大量饮水。运动中和运动后大量饮水易导致胃膨胀，影响呼吸，增加心脏和肾脏的负担，造成腹痛。

运动刚结束时内脏的活动还很剧烈，此时更不宜大量饮水，大量饮水造成排汗增大，体内盐分随汗液排出，会发生抽筋等现象。正确的做法是用水漱口或者饮少量的碘盐水。运动刚结束也不宜大量饮用冰冻饮料，否则会刺激胃、肠，使血管突然收缩，减少供血，导致胃痉挛、腹痛、恶心等现象。

体育锻炼后的补水原则是少量多次，可以在运动后每 20～30 分钟补水一次，每次饮水量 250 毫升左右，夏季时水温 10 摄氏度左右，其他季节最好补充温水，但每小时的总饮水量不应超过 600 毫升。运动后饮入量大于身体排泄量时，水会在体内积蓄，过多时还会引起水中毒。此外，不要饮含糖量过高（大于 6%）的饮料，最好选用橙汁、桃汁等原汁稀释饮料，尽可能不饮用汽水。

三、运动后应吃碱性食物

人们在剧烈的体育运动后，会感到腰腿或全身肌肉酸痛，疲惫不堪，有的还会感觉到饥渴难耐。此时，有的人端起可乐大饮特饮，有的大嚼巧克力，有的大吃鸡、鱼等肉类。他们哪里知道，越是这样食用，肌肉酸痛和疲劳感越是加重。原因在于，体内的酸碱平衡不但不能正常维持，相反，身上的体液更酸而使疲劳症状加重。

平常我们的食物可分为酸性食物和碱性食物。判断食物的酸碱性，并非根据人们的味觉，也不是根据食物在水中的化学性质，而是由食物进入人体后所产生的最终代谢物的酸碱性而定。蛋白质、脂肪、糖类食物含氮、磷等非金属元素较多，为酸性食物；而蔬菜、水果、豆制品等含钠、钾、钙、镁等金属元素较多，为碱性食物，这些食物在体内代谢后生成碱性物质，能阻止血液向酸性方向变化。水果虽然吃着酸，却是碱性食物；鱼、肉、蛋、糖等味虽不酸，却是酸性食物。

一般正常人的体液呈弱碱性。人在体育锻炼后，感到肌肉、关节酸胀和精神疲乏，其主要原因是体内的糖、脂肪、蛋白质被大量分解，在分解过程中，产生乳酸、磷酸等酸性物质，这些酸性物质刺激人体组织器官使人感到肌肉、关节酸胀精神疲乏，此时应多食用牛奶、豆制品、蔬菜、水果等碱性食物，中和体内的酸性成分，缓解疲劳。

主题五　运动过后莫忘“放松”

运动过后的“放松”，如同健身之前的“预热”一样不可忽视。人体在运动之后，需要逐步恢复到相对安静的状态。这一过程不仅是处理锻炼时的身心紧张与锻炼放松的手段，也是连接锻炼和日常生活、工作的重要一环。从心理学角度看，欲求放松得法，首先是心境上的放松，良好的心境对人的行为具有促进作用，而消极的心境也可能使原先感觉很有兴趣的事情变得索然无味。从生理学角度看，只有在心情舒畅的状态下，才能及时解除运动中所形成的身体机能紧张状态，让呼吸系统、心血管系统及肌肉、关节、韧带等都能得到运动后的松弛与养息；让循环系统及时恢复生理活动常态，运养料，补氧气，从而消除疲劳；让神经系统转移大脑皮层相应的兴奋中心，让兴奋与抑制互为调节，从而达到强身健体、健脑益智的目的。

☞专家提示

剧烈运动后不宜马上洗浴

剧烈运动后人体为保持体温的恒定，皮肤表面血管扩张，毛孔张大，排汗增多，以方便散热，此时如洗冷水浴会突然刺激，使血管立即收缩，血液循环阻力加大，导致机体抵抗力降低，人就容易生病；而洗热水澡则会继续加快皮肤的血液循环，过多的血液流进肌肉和皮肤中，导致心脏和大脑供血不足，轻者头晕眼花，重者虚脱休克，还容易诱发其他慢性疾病。所以，在剧烈运动后一定要休息一会儿再洗浴。

实践与研究

1. 体育锻炼为什么要讲究科学性？
2. 体育锻炼中的注意事项有哪些？

第四章　运动损伤的预防与处理

——教师寄语——

如果把人体比作自己征战的武器，那么应该合理掌控运动保健之道。勿以伤小而不治之。正所谓“君欲善其事，必先利其器”。

第一节　运动损伤的处理方法

运动箴言

良好的健康状况和科学的身体训练，是有效的脑力劳动的重要前提。

主题一　常见运动损伤的处理方法

一、开放性软组织损伤的处理方法

常见的开放性软组织损伤有因擦伤、切伤、刺伤或撕裂伤所导致的局部皮肤或黏膜破裂。伤口与外界接触时，常见组织液渗出或血液自伤口流出。紧急处理的原则是及时止血和处理伤口，预防感染。常见运动损伤与具体处理方法如下：

1. 擦伤

多发生在摔倒时，对于伤口较脏的擦伤可先用生理盐水洗净伤口，然后再用酒精棉球或碘酒消毒，伤口较浅、面积较小的擦伤无需包扎。

2. 切伤与刺伤

切伤与刺伤的伤口往往较深、较小。如果伤口较脏，除了进行伤口的止血消炎、包扎外，还要注射破伤风抗生素。

3. 撕裂伤

撕裂伤中，头面部皮肤伤较多见，如拳击运动中，眉弓被对方肘部碰撞而引起眉际皮肤撕裂。若撕裂的伤口较小，经消毒处理后，贴上创可贴即可；若撕裂伤口较大，则须止血，缝合伤口；若伤情和污染较重，应注射破伤风抗生素。

二、急性闭合性组织损伤的处理方法

急性闭合性软组织伤是运动损伤中较常见的一类，拉伤、挫伤、扭伤等都属于这类损伤。

在急性闭合性软组织损伤发生后，首先要检查有无合并伤，如腹部挫伤后是否有内脏破裂；肌肉挫伤后有无断裂，有无明显血肿；头部挫伤后有无脑震荡等。如果有，应先处理合并伤，然后处理软组织损伤，在确定没有严重的合并伤后，在急性闭合性软组织损伤后应进行冷敷、加压包扎、制动和抬高伤肢的治疗，24 小时以后解除包扎，并进行局部热敷、理疗、按摩等，以改善血液循环，促进局部代谢，加速损伤部位的修复。当损伤部位基本恢复后，开始肌肉、韧带的伸展性练习，以及加强局部力量练习，以恢复受伤部位的肌肉力量及肌肉、韧带的柔韧性。

三、几种常见运动损伤的征象和处置

1. 挫伤

（1）征象。

挫伤多发生在头部、胸部、四肢，因为这些地方经常暴露在外，常会遇到碰、跌、打、摔等，受伤后局部红肿、疼痛，皮肤破裂的当时就出血，没有破裂的会出现青紫淤血。

（2）处置。

对挫伤应根据情况及时处理。如果皮肤出血应立即停止运动，先用酒精或碘酒将伤口消毒，用净布包扎。如果受伤部位红肿疼痛，可先用冷水或冰进行局部冷敷，抬高受伤部位，必要时加压包扎，防止继续出血，24 小时以后改用热敷，用按摩来活血、消肿、止痛。伤势减轻后再做针对性的活动，使关节、肌肉恢复功能，如做下蹲、弯腰、举腿等，可以避免伤后关节不灵或发生肌肉萎缩。

2. 肌肉损伤

（1）征象。

如果是轻微的肌肉损伤，则症状较轻；如果是肌纤维完全断裂，则症状较重，一般表现为伤处疼痛，局部肿胀、压痛，肌肉紧张或抽筋，伤后肌肉功能减弱或丧失。

（2）处置。

肌肉伤治疗要根据具体情况而定，少量肌纤维断裂者，应立即采取冷敷、局部加压包扎等措施，并抬高伤肢。对于肌肉大部分或完全断裂者，应在加压包扎后立即送医院进行手术缝合。

☞专家提示

怎么预防小腿拉伤

预防小腿肌肉拉伤，要做到以下几点：

1）运动前做好热身准备活动，尤其是针对那些容易拉伤的部位。

2）初练者的运动负荷要量力而行，防止小腿过度疲劳。

3）要提高运动技术及动作的正确性，不要频繁使用爆发力。

4）改善运动场所训练条件，注意运动时温度保持。

5）冬季运动时要注意保暖，不可穿得太薄。

6）要注意观察肌肉的反应，如肌肉的硬度、韧性、弹力、疲劳程度。

7）肌肉拉伤后重新参加训练时要循序渐进，切勿操之过急，要加强局部保护，防止再度拉伤。

3. 关节韧带损伤

（1）征象。

关节韧带损伤后，一般表现为压痛、自感疼痛，轻者韧带纤维部分断裂，重者韧带纤维完全断裂，引起关节半脱位或完全脱位，从而出现关节功能障碍。

（2）处置。

发生关节、韧带扭伤应当在24小时内采用冷敷，必要时加压包扎，24小时后采取理疗、热敷、按摩、针灸治疗，待疼痛减轻后可增加功能性练习。对急性腰部损伤，如果出现剧烈疼痛，切不可轻易处理，可让患者平卧，并用担架送至医院就诊。

4. 骨折

（1）征象。

骨折分为完全性骨折（骨完全断裂）和不完全性骨折（骨折未完全断裂，如裂缝骨折），是运动中一种比较严重的损伤。主要症状表现为肿胀和皮下淤血、功能障碍，出现畸形和假关节，并有压痛和阵痛感。

（2）处置。

一旦出现骨折，暂勿随意移动伤肢，而应先用夹板或其他代用品固定伤肢，动作要轻巧、缓慢，不要乱拉乱拽，以免造成错位，影响整复。如果是上肢骨折，可用木板托住伤肢，用绷带扎紧骨折处的上、下两端；如果是下肢骨折，先将腿轻轻放好，然后用宽布条或褥单将两条腿缠在一起，慢慢抬到硬板担架上，送往医院救治；如果是头部、颈部或脊椎骨发生骨折，运送时就更要小心，以免损伤神经和脊椎而造成肢体瘫痪，搬运时头部用枕头或衣服垫住，防止移动，固定好以后，告知患者不要扭动伤肢，送往医院时要注意做到迅速、平稳。

5. 关节脱位

（1）征象。

关节脱位后常出现畸形，与健肢相比不对称，表现为局部疼痛、压痛和关节肿胀，并失去正常活动功能，甚至发生肌肉痉挛等现象。

（2）处置。

用长度和宽度相称的夹板固定伤肢，如果没有夹板，可将伤肢固定在自己的躯干或健肢上，防止震动，随后及时送医院治疗。必须指出的是，如果没有把握做整复处置，切不可随意做整复手术，以免增加伤害。

6. 脑震荡

（1）征象。

受伤时表现为神志昏迷、脉搏徐缓、肌肉松弛、瞳孔稍大但不能对称，神经反射减弱或消失；清醒后患者常有头痛、头晕、恶心呕吐感；平时情绪烦躁，注意力不集中，出现耳鸣、心悸、多汗、失眠、记忆力减退等。

（2）处置。

立即让患者平卧，头部冷敷，若有昏迷，需立即指压人中、内关、合谷穴；若呼吸发生障碍，立即进行人工呼吸，完成上述处理后，若出现反复昏迷或耳鼻口出血，两瞳孔放大且不对称时，则表明病情严重，应立即拨打 120 或 999 急救电话，送至医院救治，在运送途中，要让伤者平卧，头部固定，避免颠簸。

轻微的脑震荡一般都可自愈，无需住院治疗，但要住院休息，保持情绪稳定，减少脑力劳动。

主题二　应该掌握的急救知识

一、急救的基本知识

当发生骨折、关节脱位、脑震荡、休克等较重的伤害时要实施急救。掌握一些基本的急救方法是非常必要的。

当发生重大损伤后，要判断情况，做如下处置，如图 4—1 所示。

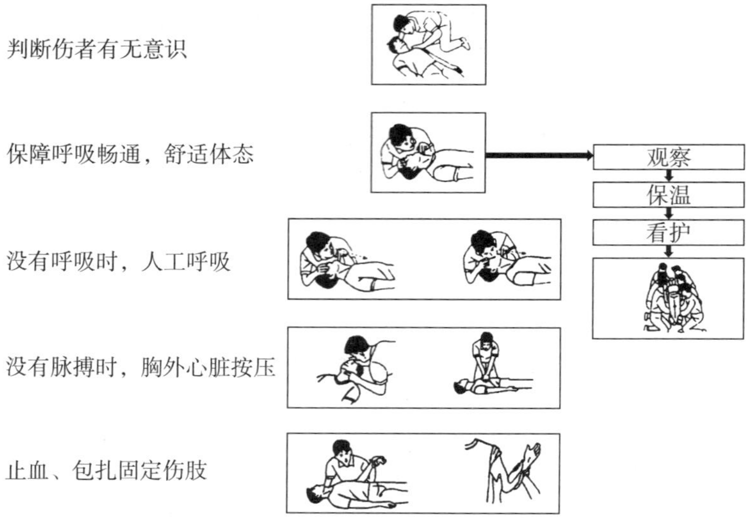

图 4—1　急救的基本程序

伤情严重时，如果不具备整复技术，不可随意做整复，以免增加患者新的痛苦。对脑震荡患者，应立即让其平卧，并作头部冷敷。

二、人工呼吸

具体方法见图 4—2。

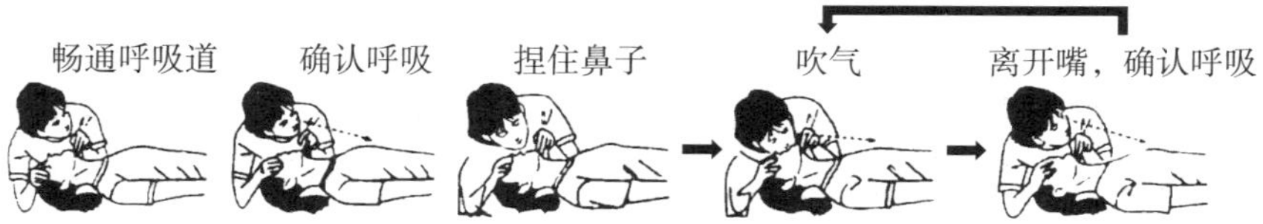

图 4—2　人工呼吸的方法

三、止血、包扎和固定的方法

1. 止血点

具体止血点可见图 4—3。

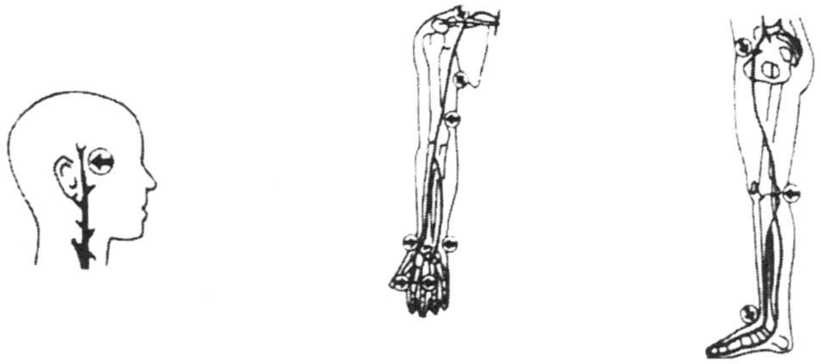

图 4—3　止血点示意图

2. 止血法

具体止血方法见图 4—4。

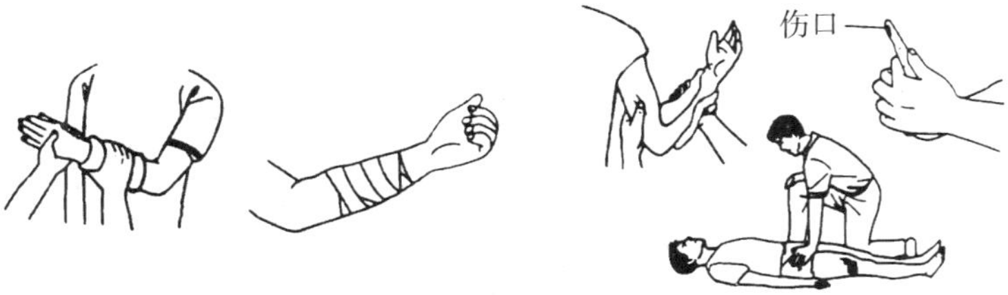

(a) 直接压迫止血法　　(b) 间接压迫止血法

图 4—4　止血的方法

3. 包扎的方法

(1) 绷带包扎如图 4—5 所示。

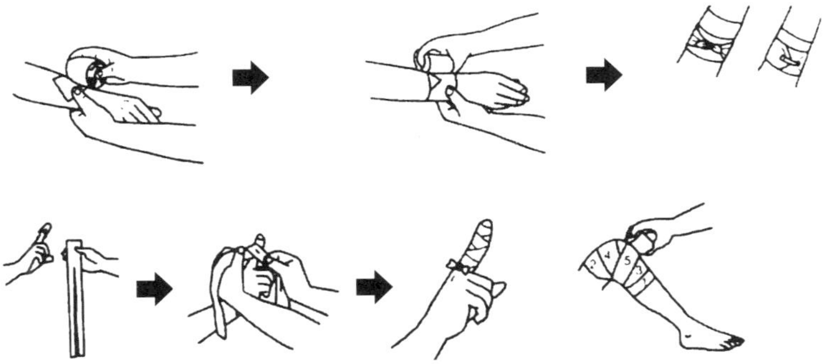

图 4—5　绷带包扎的方法

(2) 三角巾包扎如图 4—6 所示。

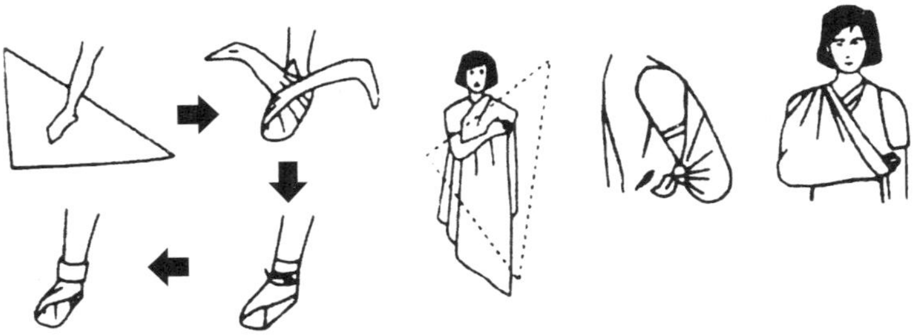

图 4—6　三角巾包扎的方法

4. 骨折、扭伤时固定方法的演练

（1）脚腕扭伤时的固定方法如图 4—7 所示。

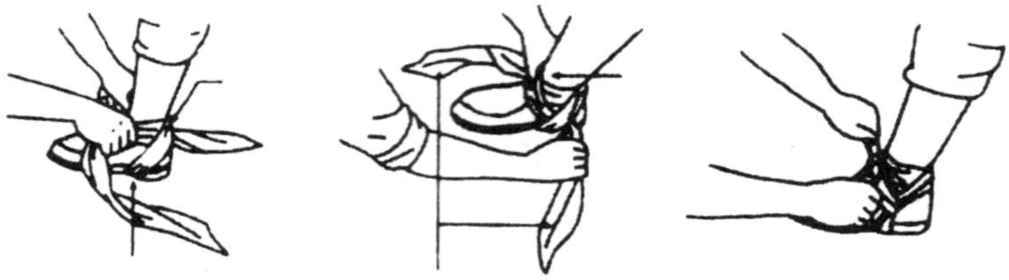

图 4—7 脚腕扭伤的固定方法

（2）前臂、小腿、膝关节及用简易用具固定的方法如图 4—8 所示。

图 4—8 前臂、小腿、膝关节的简易固定方法

第二节 运动性生理反应与运动性疾病

运动箴言

人生要走万里路，迈好强身第一步。

主题一 运动性生理反应——“极点”和“第二次呼吸”

一、极点

在进行剧烈运动时，由于在运动开始阶段内脏器官的活动赶不上运动器官的需要，往往会产生一种非常难受的感觉。此时会出现暂时性的呼吸急促，胸闷难忍，下肢沉重，动作不协调，并有恶心现象，甚至想停止运动，这在运动生理学上称为“极点”。

由于“极点”时会产生难受的感觉，成为学生不愿意坚持长时间锻炼的原因。但是，“极点”出现后，可以通过降低运动强度，加深呼吸深度来缓解。同时，随着锻炼的深入和意志品质的提高，“极点”就会不再可怕。

专家提示

有锻炼习惯的人如果某一次锻炼肌肉疼痛，那就说明运动过量了。当然。最初锻炼时，肌肉可能会疼痛，做伸展运动将有助于防止肌肉疼痛，伸展疼痛的肌肉还有助于减轻该部位的痛感。

二、第二次呼吸

当极点出现后，情绪要稳定，并适当减慢跑速，加深呼吸，坚持一段距离，上述生理现象就会逐步缓解与消失。这是因为一方面氧供给逐步得到增加，另一方面机体的适应性使内脏器官功能重新得到调节与改善，从而使运动能力提高，动作重新变得协调有力，标志着“极点”已经过去了，生理过程出现新的平衡。这种现象运动生理学称为“第二次呼吸”。

“极点”与“第二次呼吸”是长时间持续运动中正常的生理现象，无需焦虑和恐惧。即使是一位优秀的中长跑运动员，也会出现“极点”现象，但随着训练水平的提高，上述生理反应的持续时间缩短，程度将减轻。

主题二　运动性病症

一、运动中腹痛

1. 发病机制与症状

运动中腹痛常在中长跑和剧烈运动时发生，主要是因在运动前准备活动不充分，或者因运动前吃的过饱，饮水过多，或者腹部受凉，会使脏腑功能失调，引起腹痛；也有的是因运动时间过长或过于剧烈，使下腔静脉压力上升，引起血液回流受阻；还有的是因呼吸节奏紊乱，引起腹肌运动异常，或者肝脾积气郁血，导致两肋胀痛等。

2. 处置与预防

（1）处置。

如果没有器质性疾病，一般采用减慢运动速度，进行腹式呼吸进行调节。按压疼痛部位等方法，短时间内即可减轻疼痛，直至消失；数分钟后，如果疼痛仍不减轻，甚至加重，就应停止运动；必要时可服十滴水或普鲁苯辛，或揉按内关、大肠俞等穴位，如仍不见效，就应送医院诊治。

（2）预防。

运动前避免饮食或饮水过多，充分做好准备活动，坚持循序渐进，注意呼吸节奏，夏季运动要适当补充盐分。

二、运动性贫血

1. 发病机制与症状

人的体液中红细胞与血红蛋白低于正常值，称为贫血。运动性贫血是由于运动引起血红蛋白量减少，并低于正常值而引起的贫血。运动时，男性的血红蛋白低于 12 克/100 毫升，女性低于 10.5 克/100 毫升时，称为运动性贫血，在通常情况下女性发病率高于男性。

导致运动性贫血的主要原因是：

（1）运动时肌肉对蛋白质和铁的需求量增多，若摄入量不能满足需要时，即可引起贫血。

（2）红细胞抗震力较弱，运动时造成红细胞破坏增加，致使红细胞的新生与衰亡之间的平衡遭到破坏，导致红细胞低于正常值。

运动性贫血发病后，主要表现为头晕、呕吐、心率加快、脸色苍白、体力下降。

2. 处置和预防

（1）处置。

出现上述症状时，应适当减轻运动量，必要时进行休息，即刻饮服糖开水或口服硫酸亚铁，并同时服用维生素 C 和胃蛋白酶合剂，有利于铁的吸收。

（2）预防。

运动前做好充分的准备，并注意循序渐进。调整膳食结构，平时增加含丰富蛋白质的食物，如牛奶、鱼类、蛋类及豆制品等，补充含铁的食物，如动物的内脏、菠菜、芹菜、海带、黄豆等。

三、运动性昏厥

1. 发病机制与症状

脑部突然供血不足或者因脑血管发生痉挛而出现暂时性知觉丧失的现象，称之为运动性昏厥。

导致运动性昏厥的原因，主要是由于长时间运动或剧烈运动时，大量血液聚集在下肢，心血量减少，而心血输出量也减少，致使脑部缺血引起昏厥。在日常生活中，因长时间站立，或过久下蹲后骤然起立，或情绪过分紧张，或病后体弱参加剧烈运动等情况，都可能发生类似的昏厥现象。昏厥前，患者感到全身虚弱、头昏眼花、面色发白、昏倒后，面色苍白、手足发凉、出冷汗、脉搏减弱、血压下降、呼吸缓慢。

2. 处置与预防

（1）处置。

发病后，立即让病人平卧，松解衣领，抬高下肢，按压人中、合谷穴，并从小腿向内做按摩和揉捏。如果有昏迷现象，可静脉注射 25％～50％葡萄糖 40～60 毫升，在知觉恢复前，禁止喝饮料或吃其他药物；如有呕吐，应让患者的头部偏向一侧；如停止呼吸，应立即进行人工呼吸抢救。

（2）预防。

坚持经常性锻炼，以增强体质。剧烈运动后不要立即停下，应继续慢跑缓冲，并做深呼吸，在有饥饿感的情况下不要参加剧烈运动。

四、运动中暑

1．发病机制与症状

“中暑”是长时间受高温或热辐射引起的高温疾病，特别是在气温较高，通风不良或头部缺乏保护以及被烈日直接照射等情况下，引起体温调节功能发生障碍而导致的。

中暑早期可有头晕、头痛、呕吐，严重时体温升高，皮肤灼热干燥，甚至出现精神失常、抽搐、心率失常、血压下降等症状，直至昏迷，危及生命。

2．处置与预防

（1）处置。

首先将患者安静护送至阴凉、通风处平卧休息，并采用降温措施，如解开衣领、服饮清凉饮料或仁丹、十滴水等，也可以补充葡萄糖盐水。严重患者，经临时处理后，立即护送医院救治。

（2）预防。

在高温炎热的环境下锻炼时，应适当减少运动量和锻炼时间，尽量避免在烈日下锻炼。夏天在室内锻炼时，注意良好的通风，并备有低糖含盐的饮料，室外锻炼时，应戴白色凉帽，穿宽松浅色运动服。

实践与探究

1．如何处置撕裂伤？

2．什么是“极点”？

3．如何预防运动中的腹痛？

第五章　田径运动会

——教师寄语——

田径运动对学生身体健康的综合影响显著，在我国各类中职学校的体育教学中被广泛采用，体现了国家和社会对青年人的身体素质的要求。用人单位也经常通过跑、跳、投等方式来衡量学生的健康水平，以此选拔员工。因此，它对几乎所有专业的中职学生都是适宜的一项运动。

第一节　项目综述

运动箴言

一个民族，老当益壮的人多，那个民族一定强；一个民族，未老先衰的人多，那个民族一定弱。

远古时代，人类为了生存必须与自然界进行艰苦的斗争，为寻找食物跋山涉水，为杀伤猎物掷棍石，为追捕野兽奔跑跳跃，为抵御自然灾害长途跋涉，这些活动形成了田径运动会的基础。现在，田径运动由三大类项目组成：径赛（跑步、竞走）、田赛（跳跃、投掷）和全能比赛。田径运动有“运动之母”的美称，是体育运动中最古老的的项目，也是奥林匹克的核心竞赛项目，在公元前 776 年的首届古代奥运会上就已出现，到古罗马时期，田径运动比赛已十分流行，在现代奥运会上，田径运动有着不可动摇的地位。

学生参加田径运动能磨炼意志，可以培养克服困难的勇气和坚忍不拔的精神。田径运动是最方便、最有效的锻炼方式，无论长幼可随时随地进行。

非标准田径场通常为半圆式 300 米、250 米、200 米跑道，也有周长为 400 米非半圆式的。半圆式 300 米跑道：内弯道半径为 26.76 米时，两弯道长 170 米，两直道长 130 米；内弯道半径为 28.35 米时，两弯道长 110 米，两直道长 120 米。半圆式 250 米跑道：内弯道半径为 21.98 米时，两弯道长 140 米，两直道长 110 米；内弯道半径为 25.16 米时，两弯道长 160 米，两直道长 90 米。半圆式 200 米跑道：内弯道半径 18.799 米，两弯道长 120 米，两直道长 80 米。第一分道长度计算，以内突沿外缘外延 30 厘米为准。田径场地示意图见图 5—1。

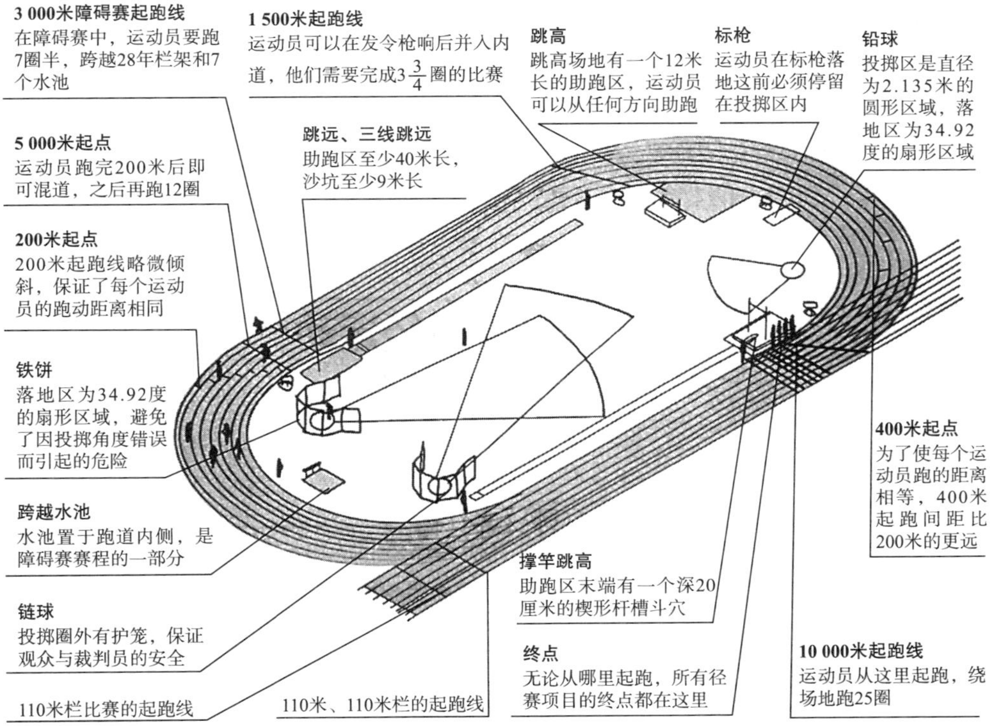

图 5—1　田径场地图

第二节　奔跑

运动箴言

许多人跑步是在比试谁跑得最快，而我跑步时在比试谁具备速度和毅力。别人问我为什么选择跑步，我通常都会这么说。

主题一　短跑

在田径运动的成人组比赛中，短跑包括 100 米、200 米、400 米。短跑通常是观众关注的焦点项目。

短跑一般可以分为 4 个阶段：起跑阶段、加速阶段（身体前倾，通过后蹬提供最大的加速度）、途中跑阶段（保持身体直立，放松地发挥奔跑技术，并保持最大速度全力奔跑）、重点冲刺阶段（手臂后摆，头部和肩部向终点线前倾）。

一、起跑阶段

起跑时，运动员以保持身体的平衡和获得最大速度为目的。具体示意图见图 5—2。

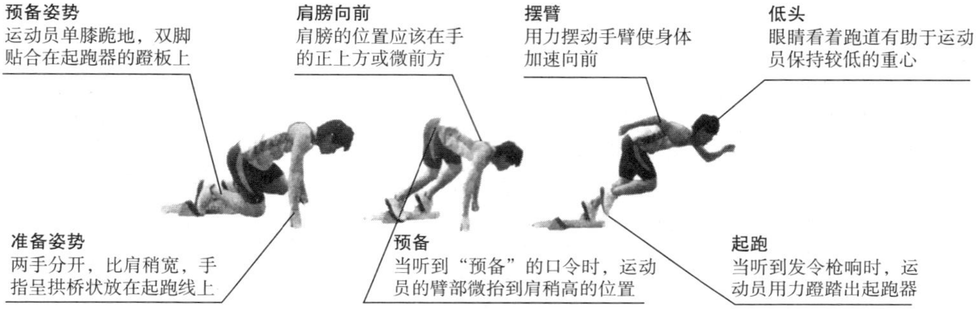

图 5—2　起跑阶段图

二、加速跑阶段

起跑后的加速跑阶段，运动员步幅逐渐加大，上体逐渐抬起，在 30 米左右完全抬起。

三、途中跑阶段

途中跑时，运动员支撑腿落地支撑，前脚掌迅速有力蹬直；摆动腿有力向正前摆平（与地面平行）；手臂用力大幅度摆动；身体保持正直，目视前方，跑动中注意放松。

四、重点冲刺阶段

运动员一般在距终点线 15～20 米处开始冲刺。上体略向前倾，加强摆臂和后蹬，到达终点线前一步距离时，身体急速前倾，双臂后摆，以躯干部位撞终点线，跑过终点后，逐渐减慢跑速。

主题二　接力跑

接力跑集短跑的激烈性与交接棒的戏剧性为一身，比赛中 4 名运动员中的任意一名必须在规定的接力区将接力棒传递给下一位运动员。常见的接力比赛为 4×100米和 4×400 米两个项目，男子和女子都有这两个项目。男子 4×400 米接力比赛一般都是大型赛事项目的最后一项。

接力跑通常在常规的赛道中进行，由于径赛跑道内道周长与外道周长是不相等的，无论是 4×100 米接力还是 4×400 米接力，起跑线都前后交错分布。最内道的运动员都是在终点线起跑，而其他运动员则在前方指定位置起跑。在 4×400 米比赛中，起跑线交错间距更大。见图 5—3。

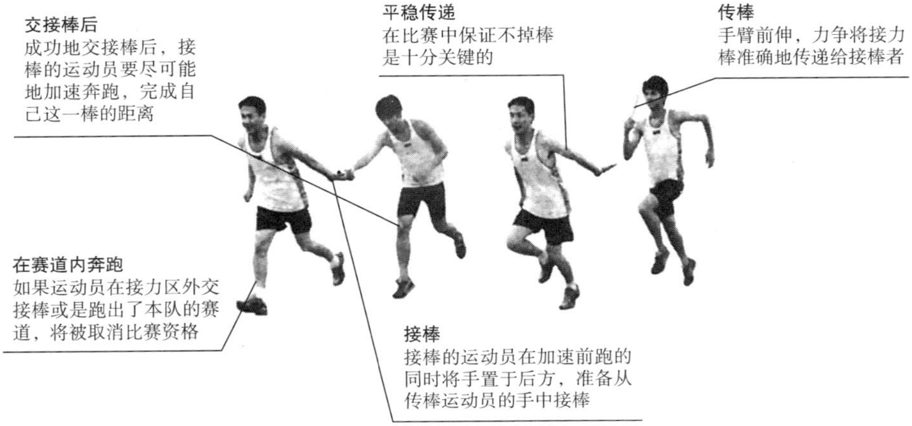

图 5—3　接力跑

接力赛是一项极其讲究战术技巧的比赛，选手应该高度注意队中顺序与接力棒的交接。通常跑得最快的选手跑最后一棒。

4×100 米比赛运动员自始至终都要在自己的赛道内奔跑，交接棒也要在规定的区域内完成，而在 4×400 米的比赛中，运动员可在第二棒的 100 米后混道比赛。最后的两次接棒，裁判员会根据该队当时排名安排不同的接棒位置，领先的一队被安排在最内道交接棒。

一、上挑式接棒

接棒的手臂自然向后伸出，掌心向后，虎口朝下，传棒人将棒由下向上送入接棒人手中。

二、下压式接棒

接棒人的手臂后伸，掌心向上，虎口张开朝后，拇指向内，其余四指并拢向外，传棒人将棒的前端由上向下从前方接入接棒人手中。传递的风险系数小于上挑式接棒。具体可见图 5—4。

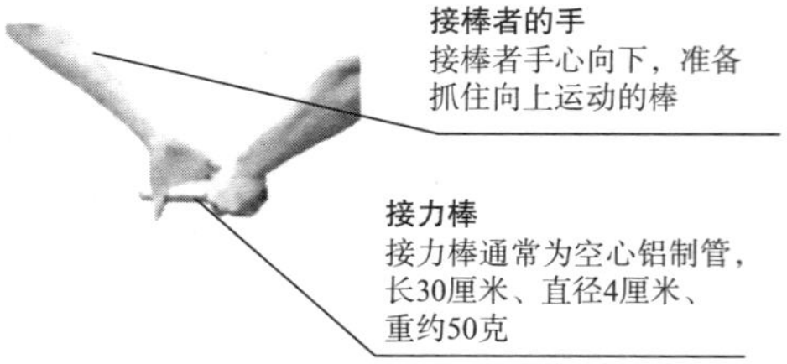

上挑式接棒

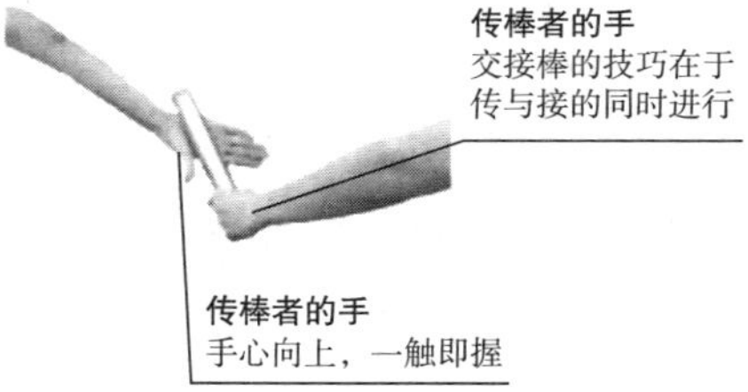

下压式接棒

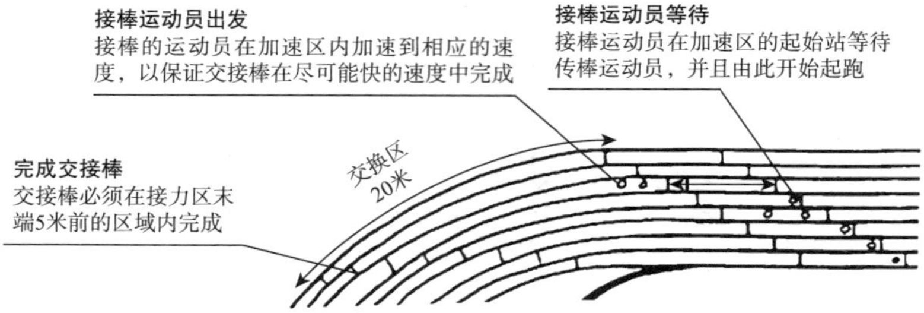

图 5—4　接力区图

主题三　中长距离跑

最常见的中距离跑项目就是 800 米和 1 500 米跑，在田径运动比赛中，通常也包括 3 000 米障碍。在 800 米跑中运动员要绕 400 米跑道跑两圈，由于道次的不同，选手从不同的位置出发，而且在第一个弯道（大约 100 米）前不能并道，800 米需要速度和耐力；1 500 米项目要求运动员绕标准跑道跑 3.75 圈。

中长跑项目包括 5 000 米、10 000 米、越野跑和马拉松。其中 5 000 米、10 000米和马拉松是奥运项目，5 000 米和 1 000 米在田径运动场的跑道上进行，而马拉松则在东道主城市的街道举行。有一些 5 000 米和 10 000 米在公路上进行，此种比赛又称为 5 公里跑和 10 公里跑。

小知识

长跑运动员与短跑运动员相比体重较轻，体型瘦而结实，毅力和耐力是基本素质，因为长跑属有氧运动，心脏要尽可能有效地将血液输送到全身各处，为疲劳的肌肉提供更多的氧，这一点是非常重要的。

一、起跑

中距离跑起跑采用半蹲踞式或站立式起跑，长距离起跑采用站立式起跑。

二、合理的呼吸

中长跑技术中很重要的一点是合理的呼吸。正常跑速，3 步 1 呼；跑速增加 2 步 1 呼，2 步 1 吸；冲刺时 1 步 1 呼，1 步 1 吸。

三、途中跑

上体的姿势：正确的上体姿势是正直或稍前倾，头部自然，两眼平视，面部和颈部的肌肉要放松。脚步动作：脚部要尽量减少腾空时间，后脚掌先落地，迅速向前脚掌滚动，步幅适中。

四、摆臂动作

中长跑时，两臂稍微离开躯干，肘关节自然弯曲，以肩为轴前后自然摆动，摆幅要适当。见图 5—5。

图 5—5　摆臂动作

中长跑运动员需要在身体上和心理上积蓄力量。这个距离对于冲刺来说太长了，但是为了完成比赛，速度是必需的，战术也是重要的。

跟随领跑是中长跑主要战术之一，在紧紧跟随对手的同时，尽量保存力量，以便进行决定性的冲刺，同时要防止被对手裹在中间。

小知识

中长跑中最重要的技巧就是调节好速度。运动员跟随领跑，并调整自己的速度。如果运动员跑得相对较慢以保存体能，那么就无法超越前面的运动员；而如果运动员跑得过快，形成短暂的领先，往往由于无法保持优势导致在冲线前掉队。长跑高手会迫使对手犯战术错误。

主题四　怎么发展跑的能力

一、快跑能力

1. 提高快跑能力的练习

提高快跑能力可以从以下几个方面入手。

（1）提高步频。

步频就是一定时间内的步数。步频越快，速度越快。步频有一定的遗传性，但青少年学生可以通过练习适当提高。另外，改进动作、增加力量、身体放松都可以提高步频。

（2）提高步幅。

步幅就是指步子的大小。发展快跑的能力其实就是发展大步幅、高步频奔跑的能力。步幅的大小与腿摆动力量和有力的蹬地有关。提高步幅的练习主要是围绕前腿摆动和后腿蹬地力量和技术进行。

（3）发展大、小腿力量和臂膀的力量。

无论步频还是步幅都与腿部和臀部的力量有直接的关系，大、小腿力量和臂膀的力量是快速的步频、积极的前摆腿、充分的后蹬腿的基础，发展快跑能力从某种意义上说，就是发展这些部位的力量。

☞小知识

速度是最难开发的潜能

速度受天赋的影响很大，特别是它的核心——爆发力，仅通过一般训练几乎很少有提高的可能，但人体仍有很多远高于我们想象的潜能可以开发，关键在于要找到正确的方式方法。据报道，有一位游泳运动员在海边训练，突然遭到鲨鱼的袭击，他在生命受到威胁的情况下，奋力回游的速度竟然可以与世界冠军相媲美。这表明，人在绝境或遇险时产生的爆发力，是人们所难以想象的，这或许也是“置之死地而后生”的道理。根据以上规律，无论在运动或生活的竞技场上，每个人都存在着尚未被开发的速度潜能。你是否对开发速度潜力已经有了自己的个性化办法了呢?

2. 发展快跑能力的练习

（1）快速反应练习。以不同姿势准备，听到口令或击掌声后迅速向指定的方向跑出。

（2）最快频率的各种形式高抬腿跑（持续时间 5～10 秒）。大腿抬平，小腿自然下垂，然后大腿积极下压，前脚掌落地，支撑关节伸直。

（3）最快频率小步跑、半高抬腿跑（距离 30～40 米）。上体保持正直，大腿抬起，然后积极下压，小腿随大腿下压动作自然伸直，前脚掌着地，做扒地动作。

（4）快速后蹬跑（完成距离 50～100 米）。上体稍前倾，支撑腿快速有力蹬伸，摆动腿向前摆出，然后大腿积极下压用前脚掌着地。要求重心平稳，速度快。具体姿势见图 5—6。

图 5—6　高抬腿跑

二、长跑能力

1. 提高长跑能力

提高长跑能力可以从以下几方面入手：

（1）中长跑练习。

对大多数人来说，它是一项既枯燥又艰苦的运动，但是它也是锻炼综合素质的最好方法之一。因此，坚持不懈、持之以恒则成为提高长跑能力最基本的心理品格。

一般来说，跑步健身的人，要想达到一定的训练效果，须达到三个基本指标：持续时间 20 分钟以上；心率 120 次/分钟以上（成年人）；频率每周 3 次以上。

（2）掌握好呼吸方法。

初次参加中长跑练习的人，应掌握正确的呼吸方法。刚开始跑时可在自然的状况下加深呼吸，呼吸的节奏要和跑的节奏相配合。一般是跑两三步一呼气，跑两三步一吸气，并有适宜的呼气深度。随着疲劳的出现，呼吸的频率有所增快，应着重将气呼出。用鼻吸，用口呼，减少呼吸道阻力。

2. 发展长跑能力的练习

(1)(跑 200 米+100 米走)×5 组练习。

(2) 以中等速度跑 3～5 分钟或 600～1 000 米。

(3) 1 000变速跑(快跑 100 米+慢跑 100 米交替进行)。

(4) 分别采用跑 200 米、300 米或 400 米距离后,休息 3～5 分钟再练习。

(5) 在公路或自然环境中(如乡间小路、山地、沙丘、林间)进行定时跑 20～30 分钟。

小提示

中长跑运动前后的饮食

一般在运动前 2 小时均可补糖,这有助于运动时血糖水平升高。运动后补糖最好在运动结束后 2 小时内,最长不超过 6 小时。

中长跑负荷大,饮食应多食富含蛋白质的食物,如牛羊肉、牛奶、动物肝脏、蛋类等,还应多吃富含维生素 B 和维生素 C 的食物,如绿叶蔬菜等。

中长跑出汗量大,常有脱水现象产生。运动前后和运动中补液有利于运动员维持体内环境稳定,提高运动能力。

第三节　跳跃

运动箴言

如果你想跳 2 米,就要看到 3 米远的地方,你看看 2 米远的地方是永远跳不到 2 米的。

主题一　跳远

跳远是最古老的田径运动项目之一,包括男子跳远和女子跳远。运动员们在这种技术含量较高的比赛中,比试的是谁从助跑后腾空跳跃的距离最远,跳远有五大要素:快速的助跑,对最后两个跨步精确的衡量,爆发性的起跳,空中飞跃和平衡落地。

☞小知识

起跳点设在跑道上，它上面是一个有弹力的起跳板，起跳板的指示带应在每次运动员踏过之后替换，如果鞋印被印在了踏板前方的标志线上，那么这一条就会被视为犯规。

无论运动员从哪里开始跳，每一个有效的跳远测量都是从起跳板的最前边界开始，一直到身体落在沙坑上的离测量起始点最近的印记。

快速的助跑是跳远中一个重要的决胜因素。优秀的跳远运动员通常也是100米或200米的短跑高手。身高也是一个跳远运动员的优势。

跳远的3种主要姿势是：蹲踞式、挺身式和走步式。姿势不分好坏，选择其中最适合自己的一种才是最重要的。

一、蹲踞式跳远

这是跳远最基础的技术。一旦跳跃起来，它对人在空中通过手臂摆动而维持身体平衡很重要。手臂动作顺序是，先向下，然后向后，再向上，最后向前。在最后落地的时候，运动员应使身体尽量前倾，这样就能保证落地点尽可能远。示意图见图5—7、图5—8。

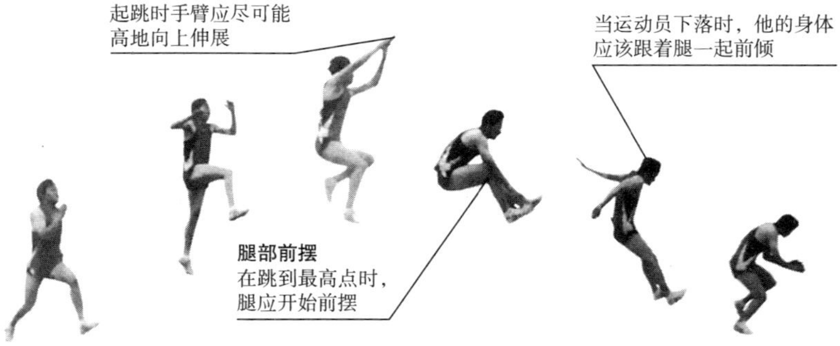

图5—7 跳远示意图

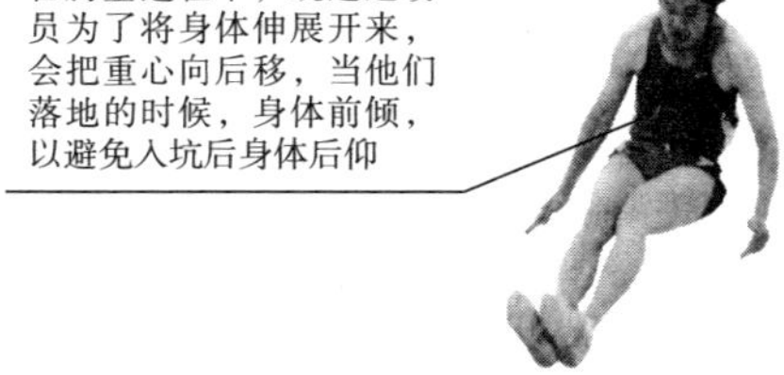

图5—8 落地图

二、挺身式跳远

在这种跳跃中，运动员从起跳到达最高点即准备下落的时候，四肢要始终张开，这是防止身体后仰并取得好成绩的重要保证。见图 5—9。

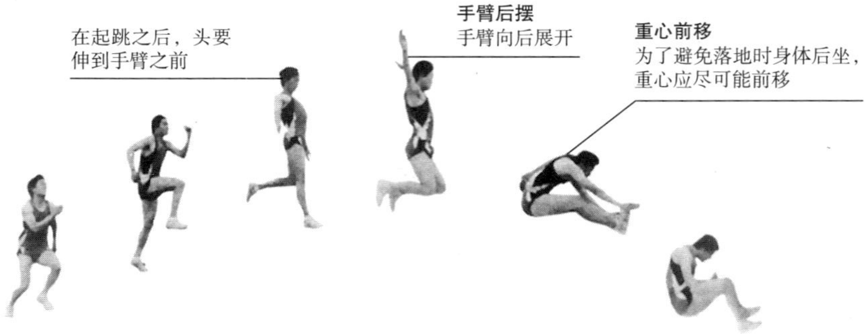

图 5—9　挺身式跳远

三、走步式跳远

这项技术是最难掌握的，但恰恰是高水平运动员最常使用的。它是通过运动员的双腿在空中摆动，使身体尽量向上形成弧线，落地时，脚先着地，然后身体前倾，以防身体落到沙坑后向后仰。见图 5—10。

图 5—10　走步式跳远

主题二　跳高

跳高是一项在所有的田径运动赛事中必设的比赛项目。运动员通过助跑、起跳等技术动作越过横竿。跳高对身体和技术都有很高的要求，速度、柔韧性、良好的协调性是非常重要的。

一、跨越式跳法

20 世纪 60 年代后期之前，跨越式跳法较为常用。见图 5—11。

二、俯卧式跳法

当达到跃起最高点时，运动员旋转身体，面向下方，越过横竿。见图 5—12。

三、背越式跳法

运动员跑过弯曲的助跑路线，然后外侧脚起跳，先将头和肩跃竿，背部弓起跃竿。当臀部越过横竿的时候，上半身在下降。正确的落地部位是肩部而非颈部。见图 5—13。

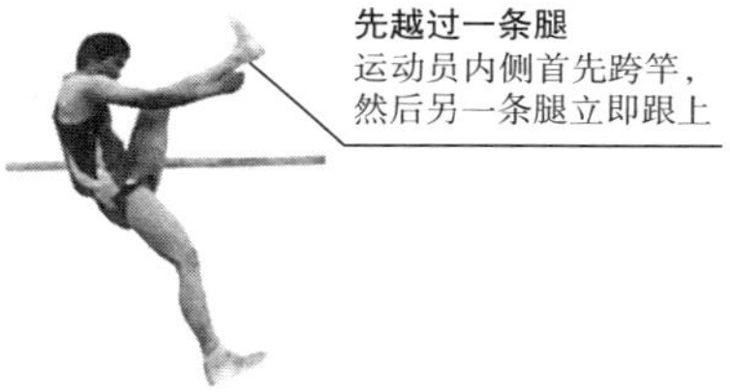

图 5—11　跨越式跳法

图 5—12　俯卧式跳法

图 5—13　背跃式跳法

☞**小知识**

跳高规则规定，比赛选手只能弹起跳越过横竿，决不能将横竿碰掉（碰竿是允许的）。

在比赛中，运动员往往选择一个较低的高度作为自己的第一次试跳高度。一旦越过某一高度，运动员将不能再跳比它低或与它相同的高度，除非出现成绩相等时，他们可以放弃任一高度，即使是已经尝试但仍然无法超越的。但是一旦连续3次跳跃失败，该运动员的比赛到此结束，越过最高高度的运动员为胜者。当出现成绩相同的时候，将根据最少失败次数来决定冠军的归属。

主题三　怎样发展跳的能力

提高跳的能力，可以从以下几方面入手：

（1）提高大腿、小腿和腰腹力量。跳跃能力主要取决于腿部的力量。以向前为主的跳跃对踝关节的力量要求更高一些；以向上为主的跳跃对膝关节的力量要求更大。有些运动的跳跃，如篮球运动，既要向上又要向前，不仅对膝、踝关节的力量要求高，对腰腹力量也有较高的要求。

（2）提高协调性。尽管走、跑、跳是人类最基本的活动能力，但运动中许多跳跃动作是日常生活中少有发生的，因此发展跳跃能力，除了提高腿部等力量外，还需要做一定的协调性练习。

（3）发展跳跃能力，还需要与专项运动练习相结合。不同运动有不同的跳跃方法，在用力的先后顺序上、身体的配合上、动作结构上都有变化。只有采用与专项技术结构相同的练习才能有效地发挥自身潜在的身体素质。

一、发展跳远能力的练习

1. 2～3步助跑踏跳板接跳箱

距离跳板2～4米站立，上2～3步踏跳板，另一只腿踏上跳箱，用力蹬伸跳起，成挺身姿势后两腿迅速并拢，收腹举腿落地。见图5—14。

图5—14　2～3步助跑踏跳板接跳箱

2. 原地弓步并腿跳

弓步站立，两臂向前上方摆起，用力蹬地向上跳起，两腿迅速并拢收腹落地。见图 5—15。

图 5—15 原地弓步并腿跳

3. 原地立定跳竿

竿高度为 30 厘米左右，人距竿 60 厘米处站立，起跳后尽量两腿向胸前靠，使两腿尽量越过竿，两腿向前伸，落入沙坑。见图 5—16。

图 5—16 原地立定跳竿

4. 连续跳跳箱

连续进行跳跳箱动作。见图 5—17。

图 5—17 连续跳跳箱

5. 向前单足跳

左腿（或右腿）连续向前大幅度单足跳远，两臂前后配合摆动。练习时左右腿交换数次。见图 5—18。

图 5—18　向前单足跳

6. 负重杠铃半蹲跳

负重 30～60 千克的杠铃蹲跳连续进行。

7. 多级跳

全蹲或半蹲，身体伸直，两腿用力蹬地向前跳进。连续进行练习。见图 5—19。

图 5—19　多级跳

8. 立定跳远

(1) 上步挺身跳。

跑 1～2 步，双腿起跳，空中做直腿挺身动作，髋关节完全打开，做出背弓动作，落地时屈膝缓冲。见图 5—20。

图5—20　上步挺身跳

（2）团身收腹跳。

从原地直立开始跳，空中做屈腿抱膝动作或双手在腿前击掌，落地时一定要屈膝缓冲，越过一定高度兼远度或一定远度兼高度。见图 5—21。

图 5—21　团身收腹跳

（3）原地两级蛙跳。

原地两脚开立，协调预摆几次，两臂及两腿用力蹬伸摆动，收腹举腿前伸落地，连续蹬伸进行第二次跳跃。见图 5—22。

图 5—22　原地两级蛙跳

☞小知识

立定跳远技术要领

预摆：两脚左右开立，与肩同宽，两臂前后摆动。前摆时，两腿伸直；后摆屈膝降低重心，上体稍前倾，手尽量后摆。要领：上下肢动作协调配合，摆动时一伸二屈降重心，上体稍前倾。

起跳腾空：两脚快速用力蹬地，同时两臂稍屈由后往前上方摆动，向前上方跳起腾空并充分展体。要领：蹬地快速有力，腿蹬和手摆要协调，空中展体要充分，强调离地前的前脚掌瞬间蹬地动作。

落地缓冲：收腹举腿，小腿往前伸，同时双臂用力往后摆动并屈膝落地缓冲。要领：小腿前伸的时机把握好，屈腿前伸臂后摆，落地后往前不往后。

☞小知识

骨骼肌纤维的分类

骨骼肌纤维分为红肌纤维（也称慢缩肌纤维）和白肌纤维（也称快缩肌纤维）两种类型。体育锻炼可以使骨骼肌纤维增粗，耐力训练可引起慢缩肌纤维增粗，速度、爆发力训练可引起快缩肌纤维增粗。

二、发展跳高能力的练习

1. 原地蹲起跳

半蹲或全蹲，两臂向后摆动后迅速用力向上快速摆动，两腿用力向上蹬伸，尽可能获得最大的腾空高度。见图 5—23。

图 5—23　原地蹲起跳

2. 连续跳跃跳箱

距跳箱 50～80 厘米处双腿起跳越过跳箱。见图 5—24。

图 5—24　连续跳跃跳箱

3. 连续上步摸高

上步两臂迅速上摆，两腿用力蹬伸跳起，单手尽量摸空中的标志物，落地后再上跨一步，重复前一动作。见图 5—25。

图 5—25　连续上步摸高

4. 单跳双落起跳后弓步跳

一腿前迈另一腿蹬伸用力跳起，并拢落地，接着用力蹬伸向上跳起，空中成弓步，然后并拢落地缓冲。见图 5—26。

图 5—26　单跳双落起跳后弓步跳

5. 过竿和落地

背对垫子，原地向后上方跳起，同时倒体挺髋，展体成背弓姿势，然后以肩背落垫。见图 5—27。

图 5—27 过竿和落地

第四节 投掷

运动箴言

在体育运动中，人们学到的不仅仅是比赛，还有尊重他人、生活伦理、如何度过自己的一生以及如何对待他人。

主题一 铅球

铅球是一项田赛投掷项目之一，运动员在规则的要求下，力争将铅球投掷得更远。铅球运动员身体强壮而高大，铅球运动要求速度、柔韧性和协调性以及力量，所以铅球运动员要具备各种能力。投掷铅球的方法主要有滑行式和旋转式两种。

一、滑行投掷法

运动员首先弯腰屈膝，背对抵趾板，面向投掷圈后方，然后一条腿有力地蹬离地面，使身体转至面对前方并把铅球推出。见图 5—28。

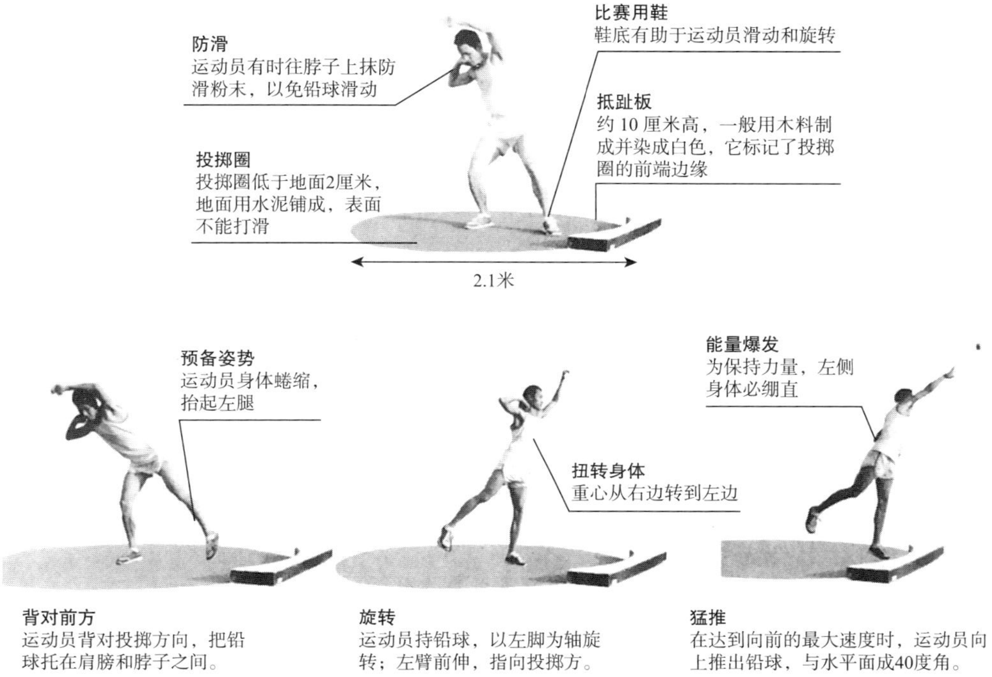

图 5—28 滑行投掷铅球

二、旋转投掷法

旋转投掷法又叫巴利什尼科夫旋转投掷法，此方法的旋转非常类似于铁饼运动员的旋转，这种旋转能使运动员更容易达到最大的出手速度。经过了最初的争议，旋转投掷法成为当今铅球运动员使用最广的一种方法。

☞**小知识**

投掷铅球的相关规则

每个运动员有 3 次投掷机会。一次投掷时，选手可以触碰到投掷圈前方的抵趾板内侧，但绝不可以踩上去，否则属违例视为无效。投掷的距离是从铅球第一次落地的位置到投掷圈抵趾板内缘的长度，成绩精确到厘米。

主题二　掷实心球

一、原地双手前抛实心球

两脚开立，持球后，两腿弯曲，手臂下摆，双腿用力蹬伸，带动手臂向前上方抛球。

二、原地双手后抛实心球

两脚开立，背对抛球方向，双手握球于头上方，两腿弯曲，双手下摆于大腿内侧，然后两腿快速蹬伸，躯干后摆，双手用力将球向后抛出。

三、仰卧起坐上抛实心球

屈膝并腿坐，双手持球于头上，然后上体后仰成仰卧，随后迅速仰卧起坐，双臂同时向前抛球，抛出的球由同伴接住。

四、原地正面上手抛实心球

两脚前后站立，双手持球于头上方，后腿弯曲，上体后仰，后腿快速蹬伸，上体前摆，带动手臂向前上方将球抛出。

以上不同方法见图 5—29。

（a）原地双手前抛实心球　（b）原地双手后抛实心球

（c）仰卧起坐上抛实心球　（d）原地正面上手抛实心球

图 5—29　掷实心球的不同方法

主题三　怎样发展投掷的能力

一、提高投掷的能力

提高投掷的能力，主要是发展投得远和投得准的能力，可从以下几方面入手：

（1）要投得远，除了必须发展腕、肘、肩、背的爆发力外，还要发展下肢、腰腹爆发力。大多数投掷项目在技术上多有形成“背弓”的特点，因此发展肩背力量和膝、髋、腹等身体前群肌肉的力量是非常重要的。

（2）想要投得远，还要发展身体协调用力的能力。大多数投掷都是先由下肢发力，带动腰腹用力，最后才是肩、肘、腕依次用力，有不少投掷还需要助跑、滑步、预摆、旋转等辅助动作。因此，除力量外，还要发展协调用力的能力。每种投掷由于动作结构的不同，对身体不同部位的用力关系要求是不一样的，多做一些专门的模仿练习，是提高协调用力能力的好方法。

（3）有些投掷不但要求投得快和投得远，还要投得准。掌握正确的挥臂方法，尤其是手腕对器械精确控制的方法，发展手、眼配合能力十分重要。一般这类投掷练习多与设立投掷目标相配合，通过不断强化，最终达到投掷准确的目的。

二、发展投掷能力的练习

（1）卧推杠铃 30～60 千克。

（2）站立姿势，快速推举 15～30 千克。

（3）原地向上推球。两脚开立，右手持球于肩部，掌心朝上托住铅球，两腿弯曲后用力蹬伸，将球向上推出。

（4）原地向下推球。两脚左右开立，上体前屈，左手在胸前托住铅球，右手掌心朝下，然后迅速向下用力推球。

（5）原地半侧向推铅球。持球后上体稍后仰，右手臂向后引伸，右腿蹬伸送髋，带动躯干向投掷方向用力将球推出。

以上锻炼方法可见图 5—30。

（a）卧推杠铃

（b）原地向上推球

（c）原地向下推球

（d）原地半侧向推铅球

图 5—30　投掷能力练习的方法

实践与探究

1. 短跑可以分为几个阶段？
2. 跳远的 3 种姿势是什么？
3. 投掷铅球的方法有哪几种？

第六章　足球运动

——教师寄语——

足球运动被誉为“世界第一运动”，是世界上开展最广泛、影响最大的体育项目，也是一项广泛结交朋友的运动项目。足球运动在我国青少年中十分普及。

第一节　足球运动概述

运动箴言

一个队员在89分钟里踢得毫无生气，但在最后1分钟里射门得分，就会被当做王子来吹捧；而守门员在89分钟内表现非凡，却在最后一分钟里失手，就会成为“罪人”。

足球是分别由11名队员组成的两支球队在同一场地进行攻守的体育运动项目。足球运动是当今世界上最受欢迎的运动之一。

小知识

现代足球运动起源于英国，1904年成立国际足球联合会，1930年起举办世界足球锦标赛（即世界杯足球赛）。

足球的其他形式还包括沙滩足球和室内足球。

主题一　足球运动的锻炼价值

踢足球需要快速奔跑，是发展速度、耐力最好的运动项目，对于提高心肺功能、增强腿部力量效果显著。

足球比赛中经常发生身体冲撞、跌倒，因此需要有顽强的意志和勇敢的精神，而这些都是中职学生在今后的生活和工作中需要具备的。

足球比赛中，每个队员的角色不断变化，时而防守、时而进攻，时而得意、时而失意，就如同人生的舞台。中职学生通过参加足球运动可以体验社会生活的丰富多彩，也是适应未来工作的预演。

足球运动员体格健壮、跑动灵活，并且拥有完美的控球技术。球员不仅要有快速的短跑速度，同时还要有超强的体力，坚持几十分钟不间断地跑动。由于足球是一种身体接触性的运动，因此要求运动员身体强悍、敢于拼抢、勇敢顽强。

主题二　球员位置

一支足球队包括前锋、前卫、后卫和守门员。球队成员根据自身技术特点和风格扮演不同的角色。前锋的主要任务是得分，前锋拥有飞快的速度、果断灵活的头脑和娴熟的技术，同时射门准确性高；前卫是前锋和后卫的连接中枢，其主要任务是进攻和防守；后卫协助守门员保护自己的球门，防止对方得分；守门员则负责守住自己的球门，防止对方得分。足球比赛中允许有替补球员，但是一旦球员被替换下场，则不允许再参加本场比赛。

小知识

尽管比赛中一支球队由 11 名上场球员和替补球员组成，但是足球俱乐部还需要其他工作人员来帮助球队：专业体能教练员负责训练球员体能；理疗师和医生帮助队员迅速调整好竞技状态，并且帮助队员迅速从伤病中恢复。在技术层面，俱乐部针对球队中的各个方面会聘请各类教练员，同时还有负责全局的经理，以及主要战术决策人和球员选择者。

主题三　装备

对于正式比赛，要使用标准足球，出场队员的基本着装是有袖的运动衫、运动短裤、足球袜、护腿板、足球鞋，如图 6—1 所示。禁止佩戴诸如珠宝首饰之类的可能造成意外的物件。如果运动员的着装不符合要求，裁判员可以要求其离场，直至裁判员确认同意后才可以再次参加比赛。

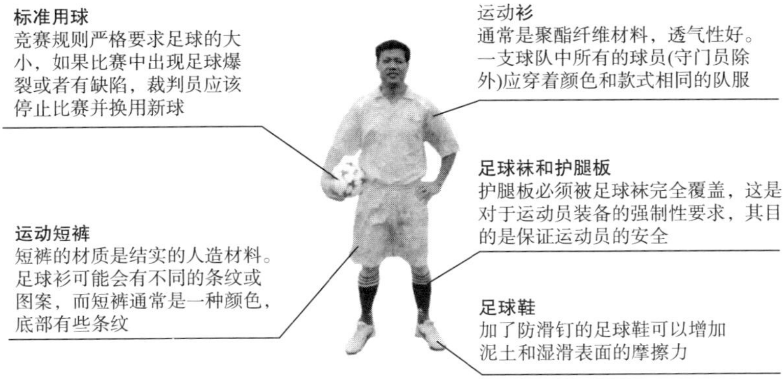

图 6—1　足球运动员的装备

第二节　如何踢好足球

运动箴言

我在场上的任务不仅是把握住同伴给我的机会射门、破门，而且还要不断地为同伴射门创造良机，应给同伴以安全可靠的保证。这对整体战术的实施起着非常重要的作用。

踢球、接球、运控球、抢截球、头顶球、假动作、掷界外球和守门员技术构成了足球的基本技术。要踢好足球，必须熟练掌握足球的基本技术，并得心应手地运用。

主题一　寻找球感（见图 6—2）

图 6—2　寻找球感

主题二　踢球的基本技术及练习方法

一、脚背正面踢球

支撑脚支撑在球的侧面 10～20 厘米处，以脚背正面击球的后中部，击球后身体及踢球腿随球前移，如图 6—3 所示。

二、脚背内侧踢球

斜线助跑与出球方向约 45 度，支撑脚脚尖指向击球方向，并在球的内侧后方 20～25 厘米处。在支撑的同时，踢球脚以脚背内侧部位击球。击球后踢球腿及身体继续随球前移。如图 6—4 所示。

三、脚背外侧踢球

支撑脚脚掌在球的侧面 10～20 厘米处，当腿做爆发式摆动时要求脚尖内转，用脚背外侧击球，如图 6—5 所示。

图 6—3　脚背正面踢球

图 6—4　脚背内侧踢球

图 6—5　脚背外侧踢球

练习方法：

各种踢球技术动作的模仿练习：

- 两人一组，一人踩球，另一人做各种踢球技术动作的练习。体会支撑脚站位、摆腿和脚触球的部位。

● 对墙做各种踢球练习。开始时离墙要近、力量要小，然后逐渐加大距离和力量。

● 两人一组做各种踢法的对踢练习。注意技术动作、踢球的力量和准确性。

主题三　接球的基本技术及练习方法

一、脚内侧接球

支撑脚脚尖正对来球，接球腿提起屈膝，大腿外展，脚底基本与地面平行，脚内侧正对来球并前迎，当脚内侧与球接触的一刹那迅速后撤，如图 6—6 所示。

二、脚背外侧接球

接球点在接球脚一侧，接球时提腿屈膝，脚内翻，并对着接球后运行的方向，脚离地面的高度为球的半径，然后大腿向接球后球运行的方向推送，同时身体随球移动，如图 6—7 所示。

三、脚背正面接球

脚背正面上迎下落的球，当球与脚面接触的一刹那与下落球同步下撤，此时的大腿膝关节、踝关节、脚趾均保持适度的紧张，脚尖微翘将球接到需要的地方，如图 6—8 所示。

四、脚底接球

身体和脚尖正对来球方向，脚尖上翘，一般以前脚掌触球的上部。在触球的一刹那，前脚掌将球停住，也可根据需要在接球的同时将球推向前或拉向后。如图 6—9 所示。

图 6—6　脚内侧接球

图 6—7　脚背外侧接球

图 6—8　脚背正面接球

图 6—9　脚底接球

五、大腿接球

面对来球的方向，接球腿大腿抬起，当球与大腿接触的一刹那，大腿下撤。

六、腹部接球

身体正对来球方向跑动，判断好球的落点，身体前倾，腹部对准落地反弹的球，推压球前进。

七、胸部接球（挺胸式）

面对来球，上体后仰，两臂自然张开。接触球的一刹那，两脚蹬地，膝关节伸直，用胸部轻托球的下部，使球微微弹起。如图 6—10 所示。

图 6—10　胸部接球（挺胸式）

八、胸部接球（收胸式）

面对来球，两臂自然张开，挺胸迎球。接触球的一刹那，收胸、收腹，将球接在体前或转体将球接在体侧。

练习方法：

● 各种接球技术动作的模仿练习。

● 原地接迎面来的地滚球练习。两人相距 6～8 米，一人踢地滚球，另一人停球。

● 跑上去接迎面来的地滚球。两人相距 10 米左右相对站立，一人踢地滚球，另一人跑上去停球。

☞小知识

最常用的接球方法是脚内侧接球，即通常所说的脚弓接球。由于脚内侧接触球的面积大，容易把球接住，而且便于改变接球方向和进行下一个动作，因此是接球技术中最容易掌握和普遍运用的动作。这种方法可以用于接地滚球、反弹球和空中球。

☞专家提示

踢球时的身体姿势

踢球时身体的姿势非常重要，一旦失去重心往往容易失去身体平衡，不利于踢球腿的摆动，使人无法发力，而且导致支撑脚站立不稳，使踢球的速度和准确性受到影响。

主题四　控球的基本技术及练习方法

一、脚内侧运球

在运球前进时，支撑脚始终领先于球，位于球的侧前方，重心放在支撑脚上，另一只脚提起屈膝，用脚内侧接球前进，然后运球脚着地。

二、脚背正面运球

运球时，上体稍前倾，步幅不要过大，运球腿提起，在着地前用脚背正面触球的后中部，将球推送前进，如图 6—11 所示。

三、脚背外侧运球

运球时，上体稍前倾，步幅不要过大，运球腿提起使脚背外侧正对运球方向，在着地前用脚背外侧推拨球的后中部，将球推送前进。

四、脚背内侧运球

上体前倾，运球腿提起外展，脚尖外转，使脚背内侧正对运球方向，在运球脚落地前用脚背内侧推拨球，使球随身体前进。

图 6—11　脚背正面运球

练习方法：

●走或慢跑中分别用单脚脚内侧、正面、脚外侧、脚背内侧直线运球。

●慢跑中用单脚脚外侧、脚背内侧折线运球。

●左脚外侧扣、左脚外侧拨，右脚内侧扣、右脚外侧拨，双脚交替进行。

●推拉练习：右脚踩、拉球转身，右脚内侧向左侧腿；左脚踩、拉球，左脚内侧向右侧腿。

●运球向前，踩球转身 180 度，另一只脚脚背外侧向前推拨球。

●利用上体的左右晃动，用脚外侧变向运球。

●运球中，跨过球转身运球。

●右脚假踢后，内侧扣球变向，左脚外侧运球。

☞小知识

运球过人

运球过人是在运控球的基础上，根据战术需要以及对手的防守位置和重心变化情况，利用速度、方向或组合动作变化，获得时间和空间位置上的优势，从而突破防守的一种技术手段。

主题五　头顶球技术

一、额头正面顶球

身体正对来球，上体后仰，顶球时，蹬地、收腹、摆体、顶送发力，如图 6—12 所示。

二、跳起额头正面顶球

起跳后，展腹挺胸，顶球时迅速收腹摆体，前额积极迎球顶送发力，落地缓冲，如图 6—13 所示。

图 6—12　额头正面顶球

图 6—13　跳起额头正面顶球

☞小知识

头顶球时的注意事项

判断要准，选位要准确，起跳及时；顶球不要闭眼，不要缩脖，颈部要用力；顶球时根据击球方向，选择击球的不同部位。

第三节　比赛如何获胜

运动箴言

我觉得非常重要的一点是，一场球要踢得漂亮，球员个人也好，球队集体也好，都得发挥独到性，随机应变，各显神通。而这一切只有采取进攻型的打法，经常控制球才能表现出来。控制球对我来说特别重要。

主题一　足球比赛

比赛开始前，双方在各自半场就位。比赛由开球开始，足球被放置在中心标志上由进攻方开球。比赛开始后，每个队员尽力将球踢入对方球门。球员可以利用除了双手和胳膊以外的身体部位触球。获胜者为比赛 90 分钟后进球数最多的一方。如果比赛结束时双方都没有得分或者得分相同，则为平局，此时如果必须决出胜负，则进行“加时赛”，如果有必要，还可以通过踢点球决胜。

一、进攻

比赛中，持球方向对方球门推进称为进攻，最终目标是进球得分。只有持球者将球尽量盘带到对方球门附近，才有可能射门得分。因此，进攻方的球员必须在场地中传球、盘带球、持球，且防止对方球员抢断。为了越过并攻破防守，进攻方球员必须跑动到球场上没有防守球员的区域接球。

二、防守

防守方主要是阻止对方球员得分，或者夺回球的控制权以便发起进攻。防守球员可以通过断球、封锁持球队员或者其他队员的活动区域，紧逼持球队员或者通过直接铲断得球，如图 6—14 所示。球队可通过采用各种防守策略阻止对方球队的进攻。例如，区域防守体系：每个防守队员都有固定的防守区域，相互之间配合；盯人防守：防守队员盯防进攻球员。

抢占位置/卡位
防守球员首先伸出一只脚滑向足球，但必须接触球而不是持球员

铲球
用脚将球从持球员的脚下铲断称为铲球。滑动抢断十分有效，但是防守球员必须掌握好时机，否则有失败的危险

防守压力
实施紧逼的防守球员总是紧跟着进攻球员

紧逼
防守球员紧跟着进攻方球员的移动，可以为防守球员提供抢断的机会，同时造成进攻球员的传球困难甚至失误

图 6—14　防守

主题二　准备好战术阵形

足球比赛中，一支队伍的阵形由 3 或 4 组数字表示。例如，4—4—2 阵型，即此阵包括 4 名后卫、4 名中场和 2 名前锋，因为守门员不包括在内，所以数字之和总是 10。根据比赛中的情况，队形会发生变化。如果领先的球队需要加强防守，则会使用防守性较强的阵型。阵形有很多种组合，较常见的有 3—5—2 阵形、4—4—2 阵形和 4—3—2—1 阵形，如图 6—15 所示。

3—5—2阵形
此阵形中左右前卫（左右中场）更多地扮演进攻角色，有力地支持锋线队员。而中前卫经常与后卫合作防守，尤其当对方球队反击一半球员仍在前场无法返回时

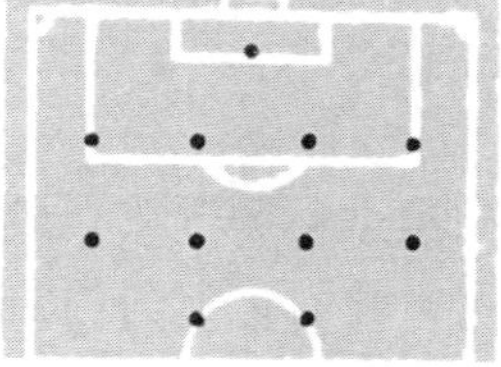

4—4—2阵形
又称为“一字形”，为目前最常见的一种足球阵形。此阵形通过中场球员与后卫和前锋的紧密合作，可以在比赛中根据需要进行改变。此阵形中，中场球员跳动最多

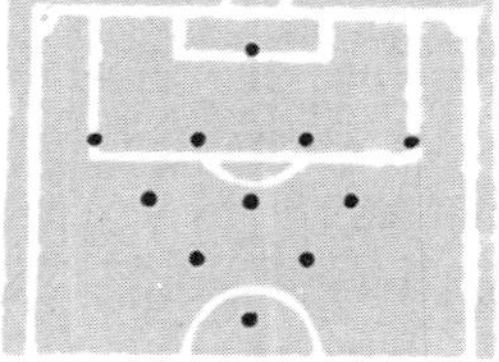

4—3—2—1阵形
此阵形是 4—4—2 阵形的变体，又被称为“圣诞树”：此阵形中有一名中场球员向前参与进攻，就意味着球队中实际有 3 名前锋，其中中间一名前锋站在另外两名前锋之前

图 6—15　阵形

此外，在发界外球、角球和踢点球时，多采用布置好的战术进攻，如图 6—16 所示。

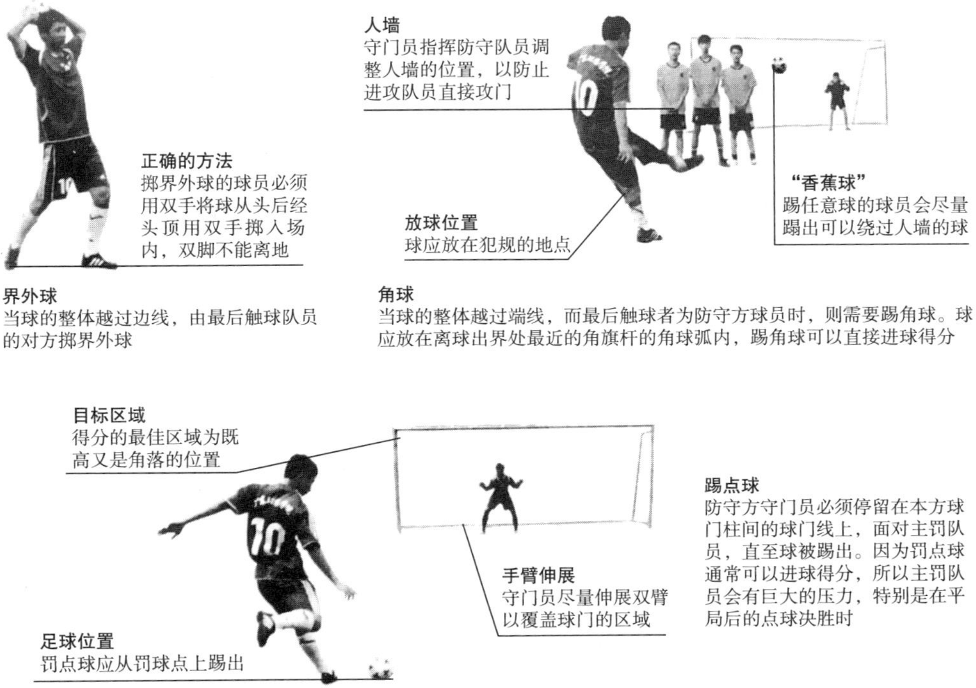

图 6—16　发界外球、角球和踢点球时采用的战术

第四节　足球运动规则简介及课程考核标准

运动箴言

一个人应养成信赖自己的习惯，即使在最危急的时候，也要相信自己的勇敢与毅力。

主题一　比赛场地

主题比赛场地可采用天然草皮或人造草坪。边线要有大于 2 米的草皮边缘，在中线的两侧还要各配置一个距边线至少 6 米的带顶棚的替补席。比赛场地线与广告牌的距离不得小于 4 米，离球门线后不少于 5 米，至角旗处不得少于 3 米，如图 6—17 所示。

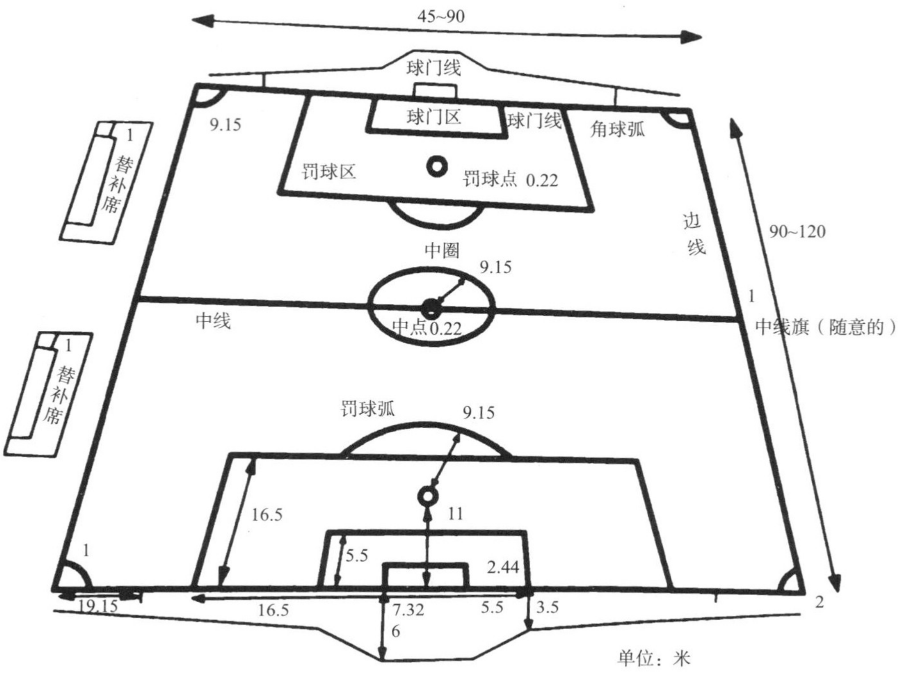

图 6—17　比赛场地

主题二　比赛规则简介

一、比赛时间

正式的国际足球比赛分为上、下两个半场，每半场 45 分钟，中间休息 15 分钟。

二、队员人数与换人

每队上场 11 名队员，其中包括一名守门员。如果一队的场上队员少于 7 人，则判该队弃权。一场比赛每队最多能换 3 名队员，场外和场上队员未经裁判员许可不能擅自进出场地。比赛时，守门员和其他队员的位置不能随意交换，需经过裁判员的同意。

三、裁判员

一场正式的足球比赛由 4 名裁判员担任裁判工作：1 名主裁判员，2 名助理裁判员，1 名替补裁判员（第 4 官员）。

（1）主裁判员的职责：有场上最终判决权，决定比赛时间是否延长、比赛是否推迟和中止。

（2）助理裁判员的职责：示意越位及球出界，协助主裁判员的场上判罚，但没有最终判决权。

四、比赛判罚

足球比赛的判罚分两种：

（1）直接任意球的判罚。主要是针对恶意踢人、打人、绊倒对方的行为；另外用手拉扯、推搡对方，手触球也属于这一类；还有辱骂裁判员、辱骂他人也要判罚直接任意球。这种任意球可直接射门得分。如果这些行为发生在禁区内，就要判罚点球；

（2）间接任意球的判罚。危险动作、阻挡、定位球的连踢就属于这一类。这种任意球不能直接射门得分，必须经第二个人触球后进球才算有效，禁区内这种犯规不能判罚点球。

无论是直接任意球还是间接任意球，防守方都要退出 9.15 米线以外。如果不按要求退出 9.15 米，裁判员可出示黄牌。

点球：在禁区内直接任意球的犯规要判罚点球。罚点球时，双方队员不能进入禁区。如防守方进入禁区，进球有效，不进则重罚；如进攻方进入禁区，进与不进球均无效，由对方罚任意球。在罚点球时，守门员可以在球门线上左右移动，但不可以向前移动。

五、红、黄牌

足球裁判员在判罚时，根据犯规性质不同可出示两种不同颜色的牌。

（1）对于足球比赛中出现的一些严重犯规，裁判员可出示红、黄牌。如果是恶意的犯规或暴力行为，要出示红牌。故意手球、辱骂他人或同一场比赛同一人得到 2 张黄牌时，也要被出示红牌。

（2）比赛中，有违反体育道德的行为，或用语言和行为表示不满的就要被出示黄牌。连续犯规、故意延误比赛、擅自进出场地的队员也要被出示黄牌。

六、伤停补时

足球比赛有时根据场上情况，在比赛时间上需要补时。有时是 1、2 分钟，最长可达 5、6 分钟，时间长短由主裁判员决定。造成补时的原因主要如下：

（1）处理场上受伤者；

（2）故意拖延比赛；

（3）场内外发生了意外事件。

七、越位

足球比赛构成越位要满足以下条件：在同伴传球时脚触球的瞬间，在对方半场内如果同伴的位置与对方最后 1 名后卫的位置相比更靠近对方底线，同时该队员处于球的前方，这时就判越位。需要说明的是，与对方最后 1 名后卫处于平行时不判越位。

在2004年的欧锦赛上，国际足联对越位条款又有了新的解读——如果判越位，不是巡边员举旗就鸣哨，而是越位队员触球后再鸣哨。

八、暂停比赛

正式足球比赛一般场上不能暂停，只有在极特殊的情况下，如队员受伤或发生意外纠纷时，才鸣哨暂停。恢复比赛一般是将球踢给哨鸣之前的最后控球方。

现在足球队员道德水准普遍较高，通常一方如看到场上有受伤队员，都会将球踢出界。恢复补赛时，对方也会将球踢回。

九、进球

足球比赛的进球以球的整体越过球门线为准。有时在比赛中会看到球打到横梁后落地又弹回场内，裁判员可以根据自己的观察来确认球是否越过球门线，这种判决有时会引起很大争议。

十、计胜方法

1. 进球得分

若规则没有另外规定，以下情况应判进球得分：当球的整体从两球门柱间及横梁下越过球门线，而此前未违反竞赛规则。

2. 获胜的队

在比赛中进球较多的队为胜者。如两队进球数相等或均未进球，则为平局。

3. 加时赛

竞赛规程应说明，若比赛结果为平局时，是否采用加时赛或踢点球决出比赛的胜者。

主题三　足球课程考核标准

一、考试评分

1. 考试评分标准（见表6—1）

表6—1　　考试评分标准

评分/项目 占总分（%）	30米跑 （10%）	跳远 （20%）	颠球 （10%）	过竿射门（20%）	
				达标（10%）	技评（10%）
60分	4″7	25米	10个	9″5	1. 过竿的熟练程度5分（分五档评分）
65分	4″6	27.5米	15个	9″0	
70分	4″5	30米	25个	8″5	

续前表

评分/项目 占总分（%）	30 米跑 （10%）	跳远 （20%）	颠球 （10%）	过竿射门（20%）	
				达标（10%）	技评（10%）
75 分	4″4	32.5 米	35 个	8″0	2. 正脚背射门的力量、速度、方向等 10 分（6 分及格）
80 分	4″3	35 米	40 个	7″8	
85 分	4″2	37.5 米	45 个	7″5	
90 分	4″1	42.5 米	50 个以上	7″0	
95 分	4″0	45 米		6″5	
100 分	3″9	50 米	100 个	6″3	

注：占总分 60%。

2. 考试评分说明

（1）踢远场地要求落点应在 15 米范围内（见图 6—18）。

（2）过竿射门（见图 6—19）说明及要求：

第一根竿距起点 3 米；

竿间距 2 米；

最后一竿距球门 20 米；

在罚球区外完成射门；

每人考试前练习 2 次，每人给 2 次考试机会。

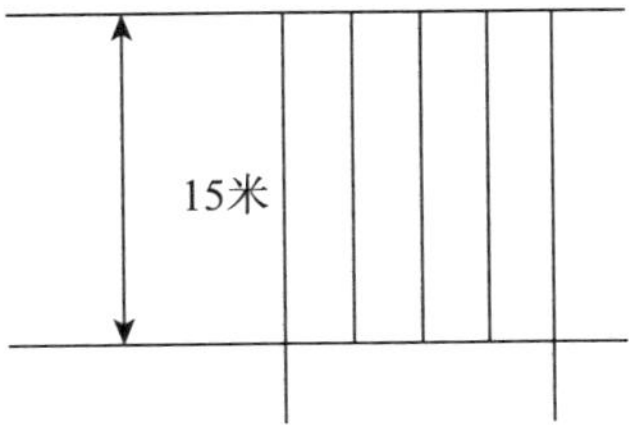

图 6—18　踢远场地落点

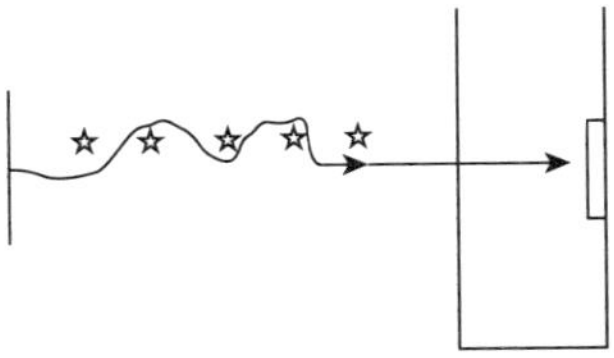

图 6—19　过竿射门

3. 成绩说明

成绩由平时成绩（50%）和期末考试（50%）组成。

二、推荐网站

（1）足球直播，http：//www. zqzhibo. com/index. htm。

（2）迷球（足球视频），http：//vod. miqiu. com/。

（3）Goalhi 足球——努力做好最好的足球网站，http：//www. goalhi. com/。

（4）中国足球协会官方网站，http：//www. fa. org. cn/。

实践与探究

1. 接球的基本技术有几种?
2. 控球的基本技术有几种?
3. 足球场地的尺寸是多少?

第七章　篮球运动

——教师寄语——

篮球运动是最受人们喜爱的运动项目之一，在世界各地得到了广泛的开展。篮球运动具有对抗激烈的特点，比赛中技术、战术变化多端，个人与集体所起的作用都很明显。因此，在学习篮球运动技术的过程中，需要以牢固的基本技术为基础，逐渐过渡到技术、战术的组合使用。

第一节　篮球运动概述

运动箴言

小罗纳尔多说："我从小就是乔丹的球迷，是他的精神激励着我前进。"

篮球运动起源于19世纪后期的美国，是一种移动迅速并极富竞技性的综合性体育项目，具有对抗性、集团性、多变性、挑战性的特点。它可以在室内、室外场地进行。在正式比赛中，每个球队有5名队员上场，各队分别有7名替补球员。1936年，男子篮球比赛第一次列入奥运会比赛项目，女子篮球比赛直到1976年才被列入奥运会比赛项目。

主题一　篮球运动的锻炼价值

篮球运动是我国最普及的运动之一，通过它可以结识许多趣味相投的朋友，对正处于身体发育中的中职学生来说，篮球改善其形体效果显著。对于中职生的力量、速度、耐力、柔韧度、灵敏性等主要身体素质的提高作用明显。

篮球比赛按照移动东西的规则进行，是社会活动的缩影。参加这项运动，可以培养中职生按照社会心理、法律、道德、纪律等社会运动规矩待人接物、工作和生活的能力；与他人和谐相处，具备健康的心理品格；提高社会适应性，培养团队精神。

运动场上产生的喜怒哀乐等多种情绪体验，形成发现、理解、承担、怜悯、反省等人格品质，是中职生融入社会的预演，是发展团队合作意识、合作能力的有效途径。

☞**小知识**

比赛计时钟

比赛计时钟是一个24秒的计时器，用来加快比赛的速度。进攻方队员必须在规定的时间内出手投球，如果在规定的时间内没有进行投篮，或投篮没有击中篮圈，这一方将失去控球权。时间到时，计时钟的蜂鸣器会鸣响，红灯也会亮起。

☞**小知识**

1891年，美国马萨诸塞州斯普林菲尔德市基督青年会干部训练学校的体育老师，在加拿大出生的詹姆斯·奈史密斯发明了篮球。

篮球是深受人们喜爱的体育运动，据统计，篮球是世界上参与人数众多的体育项目之一。

美国的职业篮球联赛（NBA）被公认为是世界篮球水平最高的比赛。

主题二　必需的装备（见图7—1）

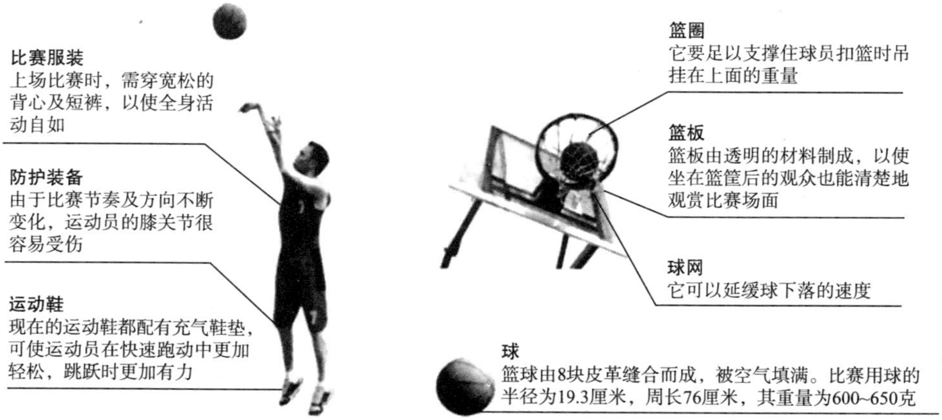

图7—1　篮球运动员的装备

☞小知识

篮球运动与社会适应

社会适应是指一个人的心理活动和行为能适应社会环境变化，为他人所理解，为大家所接受。在与运动员、教练员配合与相处的过程中，形成良好的人际关系，是一名优秀运动员和一支优秀篮球队必须具备的素质。能够尽快地适应周围的各种人，尽快地被他人所接受、所理解，不仅是篮球比赛的需要，也是做好任何事业的基础。

你无需多少装备就可以随处打球，这就是篮球的魅力所在。社会大众打球需要的也就是一个球和两个篮筐，打半场则只需一个篮筐。如果是锦标赛和职业联赛，队员需穿着正式服装，衣服上印有他们选择的号码。比赛中，队员的腿部，特别是脚踝与膝关节部位最容易受伤，所以选择球鞋时要注意舒适性及其对比赛表现的帮助。除此之外，护腕及发带也是重要装备。

主题三　进行比赛

随着跳球合规进行，比赛开始。每队通过进攻和防守，以比对手得更多分为目标进行比赛。进攻通常以传球（即一边跑动一边连续拍球）的方式进行，当球员感觉位置适合得分，他们便出手投篮，篮球比赛中会有多次投篮得分。篮球比赛中有以下几种角色的球员：

一、控球后卫

通常为队里跑得最快的球员，组织队员实施事先策划好的进攻方案，控球并制造得分机会。

二、得分后卫

这个位置的球员身高通常较前锋矮，但跑动较快，主要任务是得分或制造得分机会。

三、小前锋

小前锋的主要任务是得分，其次是抢篮板球，重要性居于大前锋及中锋之后。小前锋必须是个出色的得分高手。

四、大前锋

虽然这个位置的球员外表上不必像小前锋或中锋，但是他必须在进攻时能够抢好篮板球，尽可能从距篮筐大约 2 米处投篮得分。

五、中锋

这个位置的球员通常是球队中个子最高的，他的主要工作是阻挡对方投篮并抢篮板球。

第二节　如何打好篮球

运动箴言

乔丹使我知道除了用双脚外，还有其他办法能使皮球产生魔力。

从前面的学习中我们已经了解了篮球的文化、规则以及篮球运动中经常遇到的问题及解决方法，现在你已经跃跃欲试了吧。不过，在进行篮球运动之前，还需要掌握一些基本技术，这些技术会带你进入一个变幻多端、激情四射的篮球世界。

主题一　熟悉篮球（见图 7—2、图 7—3、图 7—4）

平行站立，双手持球，用手指和手掌感觉球体的重心

由下向上使球贴着手掌，由指尖向手背滚动

球从指尖经手腕部位一直滚到前臂中部

图 7—2　轮盘旋转技巧

平行站立，身体前屈，头低下，使肩部成平坦姿势，双手轻抛球，使球落在右手上

右手微抬，使球产生滚动之力，并沿着手腕、前臂向上臂和肩颈处滚动

图 7—3　手上技巧

双脚平行开立，身体前屈，双膝弯曲，重心下降，低拍球于两腿之间，要用极快的频率，每只手每次只能拍一次球

球的落点基本固定，但是每拍一次球的手要换位，由体前换到体后，再换到体前

图 7—4　胯下运球技巧

主题二　基本技术及练习方法

一、传、接球

1. 双手胸前传球

动作要领：手腕急促地由下而上、由内向外翻，同时拇指下压，中、食指用力拨球将球传出，如图 7—5 所示。

图 7—5　双手胸前传球

2. 单手肩上传球

动作要领：肩关节充分外展，传球时，肘关节领先，全身协调用力，如图 7—6 所示。

3. 双手接球

动作要领：伸臂迎接，在手接触球的同时，收臂后引缓冲，持球于胸腹之间，动作连贯一致，如图 7—7 所示。

图 7—6　单手肩上传球

图 7—7　双手接球

练习方法：

●原地两人面对面传、接球练习：两人面对面站立，相距 3～5 米，反复进行多种传、接球练习。

要求：(1) 传、接球动作要准确，尤其是传球时，手腕、手指发力要准确；(2) 传、接球动作由慢到快，距离由近到远。

●三角传、接球练习：队员站成三角形，每组 4～5 人。①传球给②后跑到②组的排尾，②传球给③后跑到③组的排尾，如图 7—8 所示。以此类推，按逆时针方向跑动和换位。

要求：接球人要上步接球。接、传球的动作要连贯，不发生带球跑的违例现象。

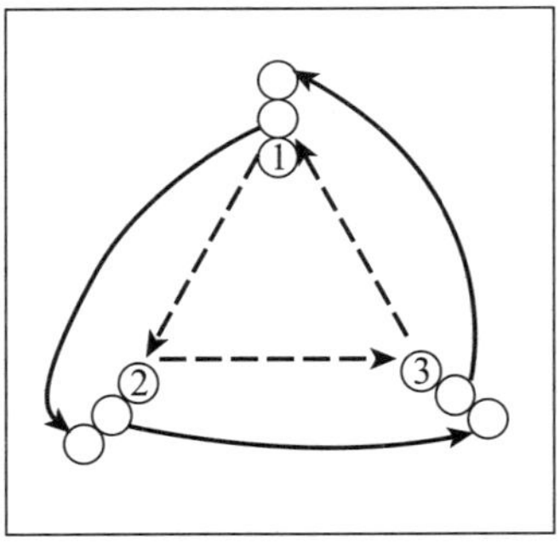

图 7—8　三角传、接球练习

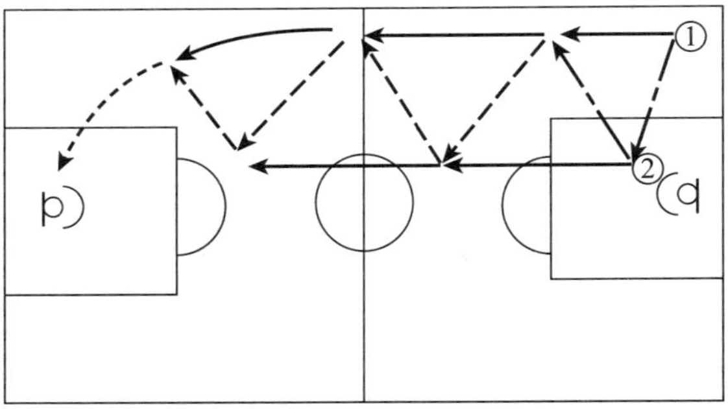

图 7—9　两人全场传、接球前进练习

●两人全场传、接球前进练习：①传球给②后立即起动向前跑接②的传球，②传球给①后立即起动向前跑接①的传球，直到对面篮下上篮，再传球返回上篮，如图 7—9 所示。当第一组传球上篮后，第二组开始练习。

要求：接、传球动作要连贯，出球压迫快。手脚动作配合好，不要发生带球跑的违规现象。眼的余光看人与来球。

二、运球

1. 低运球

动作要领：两腿弯曲，降低重心，上体前倾，用上体和腿保护球。用手短促地按拍球，使球从地面向上反弹的高度在膝关节以下，以便更好地控制和摆脱防守继续前进，如图 7—10 所示。

图 7—10　低运球

2. 高运球

动作要领：两腿微屈，目平视，手用力向前下方推按球，把球的落点控制在身体侧前方，使球的反弹高点在胸腹之前，手脚要协调配合，使球有节奏地向前运行，如图 7—11 所示。

图 7—11　高运球

3. 运球急停急起

动作要领：在快速运球中，突然急停时，手按拍球的上方；运球急起时，要迅速用手按拍球的后上方，注意用身体和腿保护球，如图 7—12 所示。

图 7—12　运球急停急起

☞**小知识**

如果能有一个伙伴或团队与你在一起锻炼，互相交流、促进，那将更容易克服锻炼中的困难。

4. 体前变向换手运球

动作要领：右手变左手运球时，手与球配合要合理，变向要及时，如图 7—13 所示。

图 7—13　体前变向换手运球

练习方法：

● 直线运球练习：每组一球，听哨音后，各组第一人运球至端线，返回时换另一只手运球，然后交给下一队员，轮流进行练习，如图 7—14 所示。

要求：拍球动作与步法要协调配合，拍球落地位置和用力大小要适当。

运动中容易造成运动员受伤的物品有：戒指、耳饰、项链、眼镜等，因此在运动中应该将这些物品摘下，以防受伤。

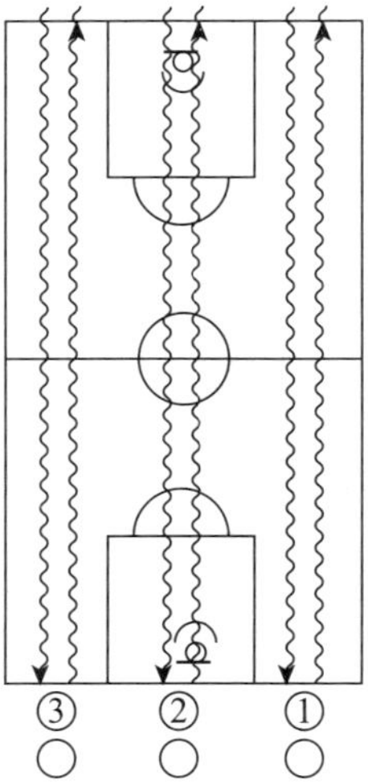

图 7—14　直线运球练习

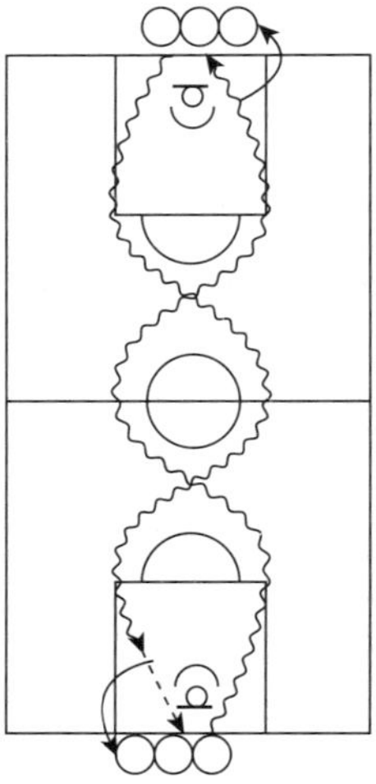

图 7—15　换手变向运球练习

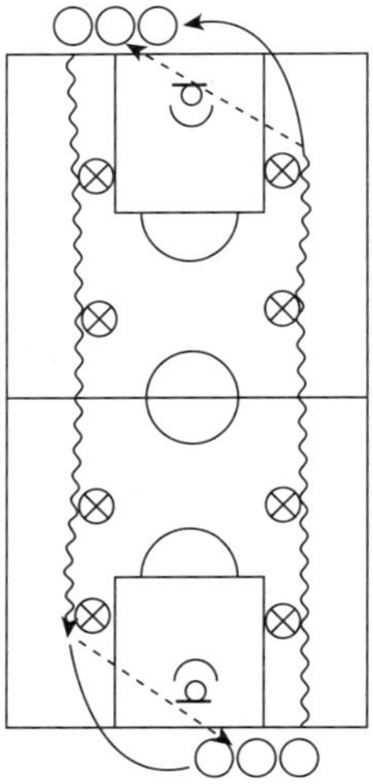

图 7—16　不换手变向运球练习

●换手变向运球练习：队员运球绕圈时要换手，始终用外侧手运球，如图7—15所示。

要求：变向运球时注意拍球的部位，要降低重心，保护好球。摆脱障碍物时，变向超越的动作要快，要加速。

●不换手变向运球练习：运球队员遇障碍物时做横向运球，随后做变向运球超越障碍物。超越最后一个障碍物后，传球给另一组队员，轮流进行练习，如图7—16所示。

要求：同换手变向运球练习。

三、投球

投篮是进攻中得分的一种方法，是所有技术、战术运用的最终目的。进攻方的技术、战术运用都围绕着最终投篮命中努力，防守方则运用必要的防守技术阻扰进攻方投篮并设法得到球，并组织反攻投篮。

1. 单手肩上投球

动作要领：投篮时要自下而上发力、抬肘、手臂上伸，接近垂直，屈腕拔球，将球投出，如图7—17所示。

图7—17　单手肩上投篮

2. 原地跳起单手肩上投篮

动作要领：跳投的关键是举球和起跳动作协调一致，利用身体在空中最高点刹那间的稳定迅速出手，如图7—18所示。但是如果一开始就选择比较远的距离进行原地投篮练习，为了能够投篮进球，就会导致投球动作错误或夸张。

图 7—18　原地跳起单手肩上投篮

3. 行进间单手低手投篮

动作要领：第一步、第二步要继续加速，腾空时间短，投篮瞬间要控制好身体的平衡，如图 7—19 所示。

图 7—19　行进间单手低手投篮

☞**小知识**

一旦拿到球，要确定有没有可能进行投篮、突破、传球或者移动。

4. 勾手投篮

动作要领：右脚自然抬高保持身体平衡，右手向上伸展单手持球，左手手臂横向协调弯曲护球，当起跳至最高点时利用手腕力量柔和出手投篮，如图 7—20 所示。

图 7—20　勾手投篮

练习方法：

●原地投篮练习：队员每人一球在罚球线上排成单行，自投自抢，反复进行练习。

要求：持球的基本站立姿势正确，体会蹬地、伸臂、屈腕和拨指等技术细节，特别注意出球的手法和手型要正确。罚球时，在投篮之前球员通常都会深呼吸一次，这使其放松并且集中精力瞄准篮筐。

●两点移动投篮练习：两人一组用一球，一人传球，一人投篮。规定连投10～20 次，或到达规定的投进次数后，交换练习。

要求：传球队员接到篮球后，接球队员突然移动接球，接球的同时调整重心和步伐。

●连续投抢练习：3 人用两球，④投篮自抢篮板球，⑥向④的位置移动，⑤传球给⑥投篮，⑥投篮后自抢篮板球，篮下的④将球传给向⑥位置移动的⑤投篮，如图 7—21 所示。依此类推，练习进行。可规定投篮时间或 3 人共投进行的次数。

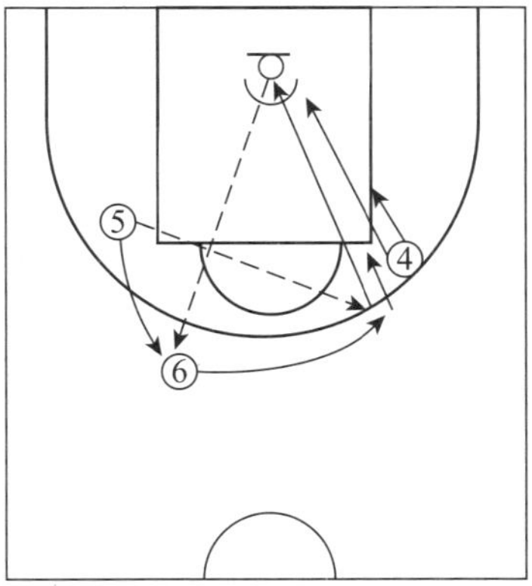

图 7—21　连续投抢练习

要求：投篮后争取在空中抢到篮板球，传球要准确，移动要及时，人、球要相遇，保持练习的连贯性。

四、移动

移动是篮球运动技术的基础，是比赛中运用最多的一项基本动作。进攻与防守都离不开移动技术。在此，我们着重介绍防守移动。

1. 滑步

动作要领：重心平稳，移动时做到异侧脚先蹬地，防守时双脚尽量不要交叉，否则会很难迅速启动改变方向，如图 7—22 所示。

图 7—22　滑步

2. 后撤步

动作要领：前脚用力蹬地，利用腰部力量带动转胯，后脚的前脚掌要积极辗转蹬地，如图 7—23 所示。

3. 攻击步

动作要领：后脚猛力蹬地，前脚突然迅速向前跨出逼近对手，落地时重心偏前脚，前脚同侧手前伸做干扰和阻截性防守动作，如图 7—24 所示。

图 7—23　后撤步

图 7—24　攻击步

练习方法：

原地转移重心练习：学生看老师手势做原地左右、前后、上下重心转移的练习，如图 7—25 所示。

要求：保持身体基本姿势正确和身体平衡，尤其要做到始终抬头观察。另外，动作幅度要大，并跟上老师的指挥节奏。

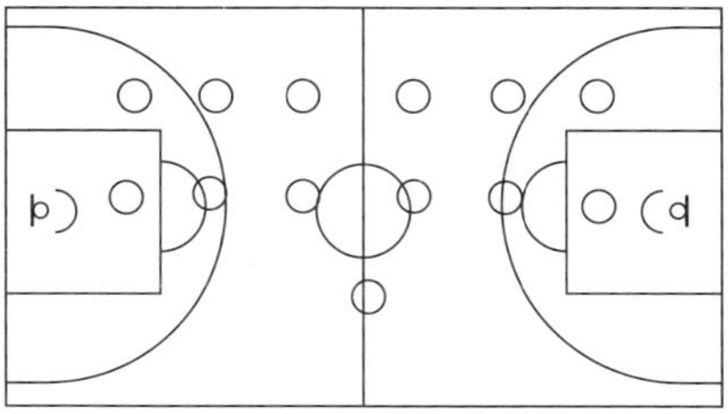

图 7—25 原地转移重心练习

☞小知识

如何做出假动作

要做好欺骗性比较强的假动作，应结合身体、眼神、脚步移动、手腕等动作，使对手产生错误的预判。

原地跨步练习：(1) 向同侧左（右）跨步并蹬回；(2) 向同侧侧前方跨步并蹬回；(3) 同侧步变叉步蹬回；(4) 同侧步蹬回——交叉步蹬回。

直线移动练习：(1) 学生直线向前跑，回头看篮筐，到中场线后变后退跑；(2) 原地窄频移动，见信号后继续做上一个练习；(3) 前手在下的向前攻击步；(4) 前手在上的向前攻击步。如图 7—26 所示。

要求：保持正确身体姿势，动作规范、有力。

原地步法练习：(1) 一步向左（右）托滑步；(2) 向左或右的交叉步；(3) 向左或右撤步；(4) 以上 3 种脚步综合练习。如图 7—27 所示。

要求：保持低重心、正确身体姿势，身体水平移动，技术动作规范，动作快速、有力、到位。

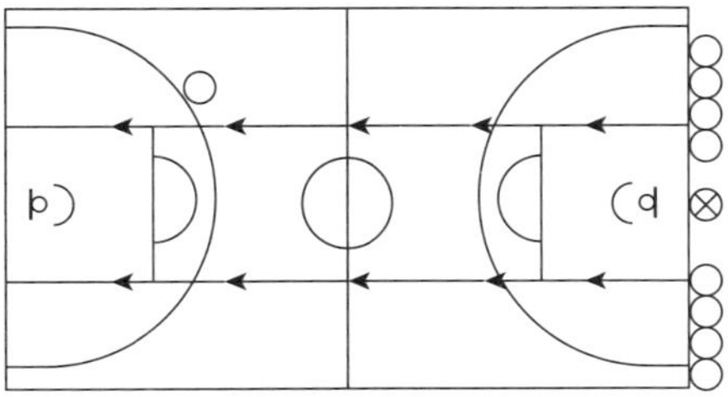

图 7—26 直线移动练习

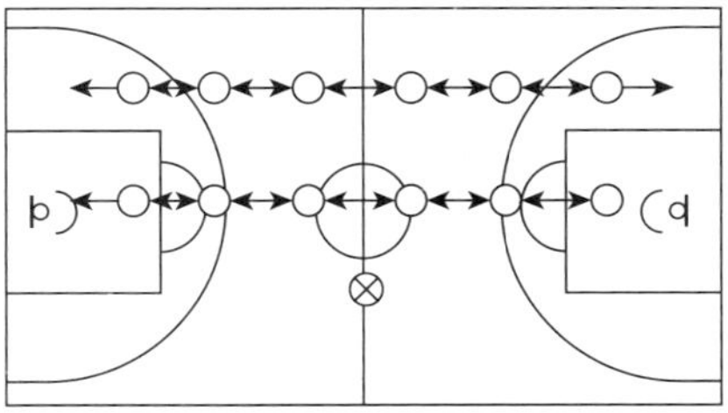

图 7—27 原地步法练习

第三节 比赛如何获胜

运动箴言

篮球是集体项目，需要多个队员的默契配合。那么，如何才能使大家配合好而赢得篮球比赛的胜利呢？这就需要学习并熟练掌握篮球的基本战术。

主题一 常用基础配合方法

基础配合是指两三个人之间的配合，是整体战术的配合基础，包括进攻和防守两类基础配合。进攻基础配合有掩护、突分、传切等配合；防守基础配合有补防、夹击、关门等配合。以下通过图例展示几种常用的基础配合方法。

一、侧掩护配合

如图 7—28 所示，⑩传球给⑦后跑到⑧的侧面作掩护；⑦接球后做投篮或突破的假动作，吸引⑧的防守；当⑩掩护到位时，⑦持球从⑧的左侧突破投篮，⑩掩护后及时跟进抢篮板球。

①

②

③

④

⑤

图 7—28 侧掩护配合

二、反掩护配合

如图 7—29 所示，④传球给⑥后，跑到⑤的侧后方给⑤做侧掩护（这种跑到与传球相反的方向去做掩护叫反掩护）；⑤要先向下缩，然后突然向右紧贴④的身体，切入篮下接⑥的传球上篮；④掩护后转身切入篮下，接应⑤或抢篮板球。

三、突分配合

如图 7—30 所示，④持球从底线突破，及时传球给纵插到有利位置的⑤投篮。

四、关门配合

“关门”是两名防守队员靠拢协同防守突破的配合方法。如图 7—31 所示，当⑤从正面突破时，可进行关门配合。

五、夹击配合

夹击配合是两名防守队员积极防守一名进攻队员的配合方法，如图 7—32 所示，④从底线突破，封堵底线，迫使④停球，同时迅速向底线跑去与❺协同夹击④，封堵其传球路线，迫使其违例或失误。

六、补防配合

补防配合是指防守队员在同伴漏防时，立即放弃自己的对手，去补防那个威胁最大的进攻者，而漏防的防守队员及时进行协同防守变换的一种防守方法。如图 7—33 所示，⑤传球给④后，突然摆脱❺的防守直插篮下，此时❻放弃对⑥的防守而补防⑤，❺去补防⑥。

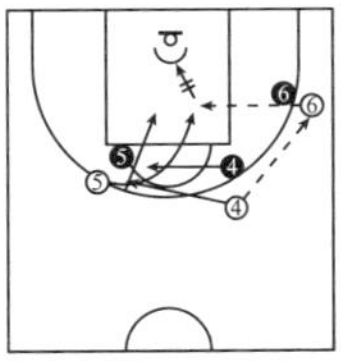
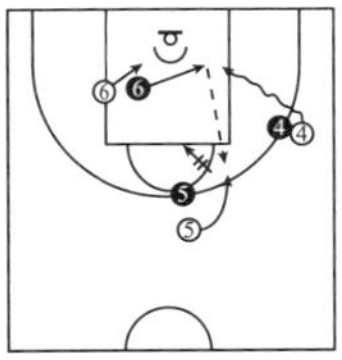
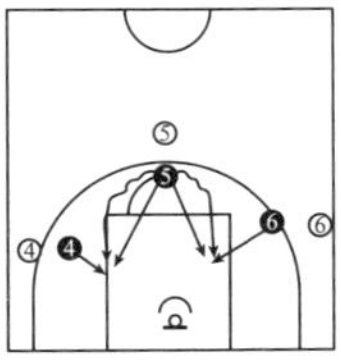

图 7—29 反掩护配合 图 7—30 突分配合 图 7—31 关门配合 图 7—32 夹击配合 图 7—33 补防配合

主题二　三打三篮球比赛

一、半场三打三练习

方法：进攻队投中后继续进攻，不中或球被对方抢去后，防守队变进攻队，两组攻守交换继续练习。

要求：通过移动、传球、突分、掩护、策应等配合，创造与选择好的投篮时机。投篮要果断迅速，机会不好时不要勉强投篮，投篮后积极冲刺篮板球，防守以防接球、防投篮为核心，积极顽强地进行防守。

二、如何打赢三打三篮球比赛

1. 进攻方法——侧掩护

给无球队员作侧掩护（反掩护）：⑤传球给④后，即向相反方向跑动给⑥作侧掩护，当⑤跑至⑥侧面掩护到位时，⑥摆脱防守切入篮下接④的传球投篮，如图 7—34 所示。

给持球队员作侧掩护：⑤传球给④后跑动到④的侧面作掩护，④接球后做投篮或突破的动作，吸引❹的防守，当⑤掩护到位时，④持球从❺的右侧突破投篮，⑤掩护后及时移动到有利的位置去接球或抢篮板球，如图 7—35 所示。

2. 防守方法——挤过

如图 7—36 所示，全队分成两组，④传球给②后给⑤作侧掩护，在④掩护到位的一刹那，⑤迅速抢前尾，依次进行练习。

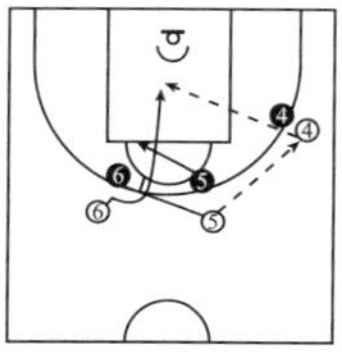
图 7—34　给无球队员作侧掩护

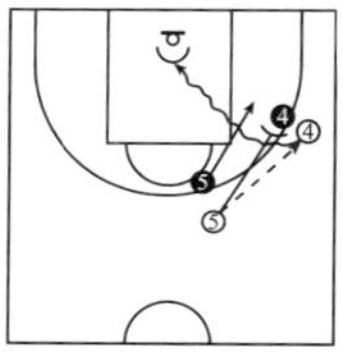
图 7—35　给持球队员作侧掩护

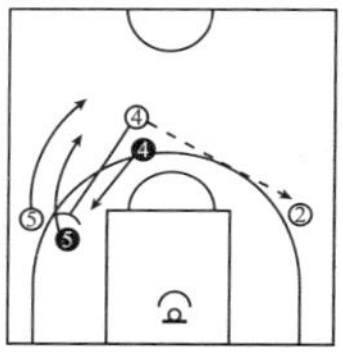
图 7—36　防守方法——挤过

主题三　如何打赢五打五篮球比赛

一、进攻方法

1. 进攻半场人盯人

单中锋进攻法：如图 7—37 所示，⑤传球给⑥，⑦给⑤作行进间掩护，⑥策应传球给⑤投篮；⑦掩护后，如果对方换人，则应传身切入接⑥的球继续进攻；此时⑧跟进抢篮板球，⑥传球后也要冲抢篮板球；④向中间移动，随时准备退守。

反掩护通过中锋策应进攻：如图 7—38 所示，⑧传球给⑦后，为④掩护将其带开，中锋⑤向罚球线空档移动接⑦传球，⑤转身攻击或传球给交叉切入的⑦和④。

2. 进攻区域联防

进攻区域联防站位安排：进攻区域 2—1—2 联防的最好方法是采用 1—3—1 的阵形，④、⑥应该是头脑清楚、战术意识强、技术全面、善于巧妙传球和中距离投篮的队员；⑤应是善于在发球线附近进行策应和转身跳投的队员；⑦应是可准确地中距离投篮、切入篮下得分和冲抢篮板球的队员；⑧应是篮下进攻和抢篮板球能力较强的队员。

具体战术：如图 7—39 所示，④、⑤、⑥相互传球，调动防守，使对方不能及时地防守，⑥、⑦可抓住机会果断地进行中投。

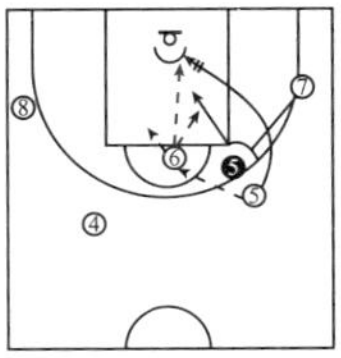
图 7—37 单中锋进攻法

图 7—38 反掩护通过中锋策应进攻

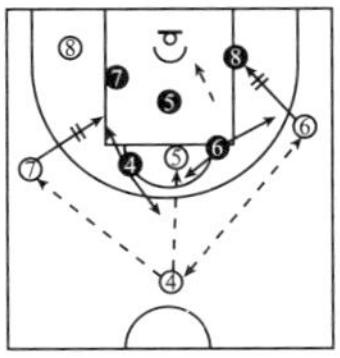
图 7—39 进攻区域联防

二、防守方法

防守方法主要分为人盯人防守和联防防守两大类。

1. 人盯人防守

人盯人防守还可以细分成全场和半场人盯人（见图 7—40），并可再细分。人盯人防守的原则是以盯人为主，人球兼顾；近球侧紧，远球侧松。人盯人防守具有分工明确、针对性强、机动性好、对进攻方压力大等特点，是最常用的防守方法。在图 7—40 中，球在①的手中，逼近①，②与③位于强侧，因此要错位防守②，不让②接球，要领先防守③。④和⑤位于弱侧，因此要向中路靠近，协助防止①从中路突破，要向篮下靠近，协助防止③反切篮下。

2. 联防防守

联防，即 5 个防守队员通过一定的队形站位，每人防守相应的区域，从而形成一张活动的防守网。这种防守的特点是：守区、防人、防球和加强对篮的纵深防守；以球为主，人球兼顾。防守队形有“2—3”“1—3—1”“2—1—2”等。每种队形都有其针对性，其中“2—1—2”队形兼顾性最好，常被采用。

2—1—2 区域联防：球在外围弧顶时的防守配合。④持球时，应根据对方的进攻阵形和对方中锋的位置决定两人的防守配合。❹上去防④，要稍向左移动，协助防守⑤，并准备抢断④传给⑥的球，❺向上移动防守⑤，❼向上移动防⑦，并兼顾防守篮下，防守⑧的篮下活动。如图 7—41 所示。

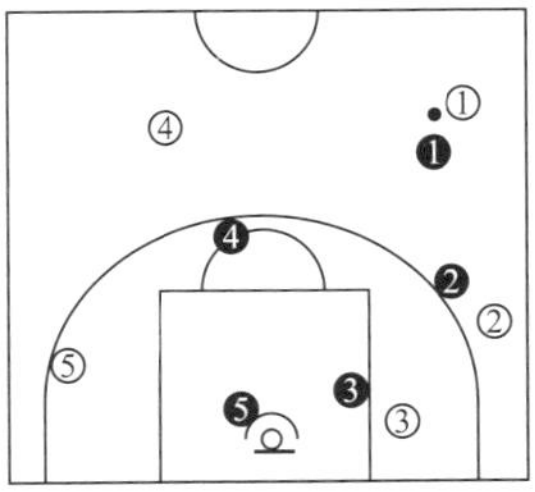
图 7—40 半场人盯人防守

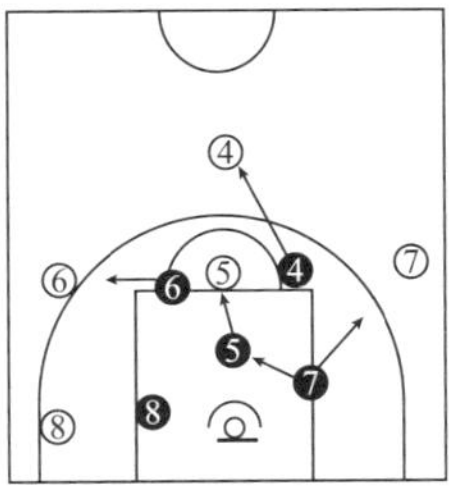
图 7—41 2—1—2 区域联防

第四节　篮球运动规则简介及课程考核标准

运动箴言

活动是生活的基础！

主题一　比赛场地

篮球比赛是在一块平坦、坚实且无障碍物的长 28 米、宽 15 米（从界线的内沿丈量）的长方形场地上进行的。场地如图 7—42 所示。

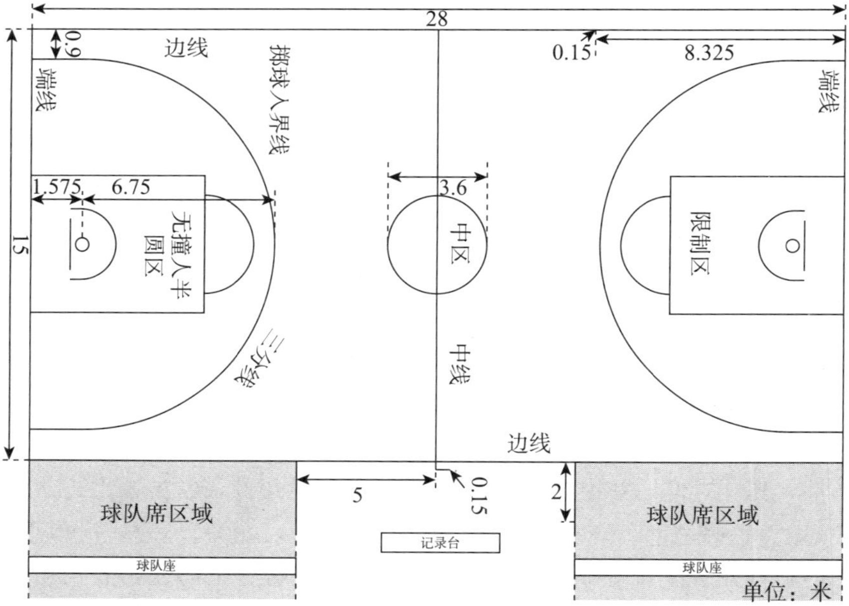

图 7—42　篮球场地

主题二　比赛规则简介

（1）篮球比赛有两个队参加，每队上场 5 人，其中一人为队长，替补球员不超过 7 人。

（2）在 3 分区内将球投入对方球篮得 2 分；在 3 分区外投入对方球篮得 3 分；罚球中 1 次得 1 分。

（3）比赛由 4 节组成，每节 10 分钟。在第 1 节和第 2 节（第一半时）之间，

第 3 节和第 4 节（第二半时）之间以及每一决胜期之前有 2 分钟的比赛休息时间，两个半时的比赛休息时间为 15 分钟，以全场得分多者为胜。

（4）如果在第 4 节比赛时间终了时比分相等，需要一个或多个 5 分钟的决胜期来继续比赛，直至决出胜负。

（5）比赛中每队的换人次数不限。但是，在第一半时的任何时间要登记的暂停每队可准予 2 次。

（6）整个比赛过程由裁判员（包括主裁判员和副裁判员）、记录台人员（包括记录员、助理记录员、计时员和 24 秒钟计时员）和技术代表管理。

（7）违例，即违反规则。罚球则是将掷球权判给对方队在靠近发生违例的地点掷球入界。违例包括以下几种情形：

1）带球走：当持活球的队员用同一脚向任何方向踏出一次或多次，其另一脚（称为中枢脚）不得离开与地面的接触点，如果中枢脚离开了这个接触点，就构成带球走违例。

2）非法运球：队员在运球后，用双手同时触及球或允许球在一手或双手中停留时运球即完毕，运球结束后，除非失去控球权后又重新控制球，否则不得再次运球，如果再次运球，则为非法运球违例。

3）拳击球或脚踢球：比赛中队员如果故意用拳头击球或用腿的任何部位去阻挡球，都将判违例。如果偶然接触到腿的任何部位，或腿的任何部位无意碰到球，不算违例。

4）球回后场：在比赛中，前场控制球的队，不得使球再回到后场，否则为球回后场违例。具体判定球回后场有 3 个条件，且这 3 个条件必须一次连续发生。

第一，该队必须控制球；

第二，球进入前场后，在球又回到后场前该队队员（或裁判员）最后触及球；

第三，球回后场后，该队队员在后场最先触及球。

5）干涉得分和干扰：投篮（罚球）的球在飞行下落并完全在篮圈水平面之上时，双方队员不可触及球。当投篮的球触及篮圈时，双方队员都不得触及球篮或篮板，不得从下方伸手穿过球篮并触及球，不得使篮板和篮圈摇动。如果进攻队员违犯这一规定，不论是否投中，均判为投篮（罚球）队员得分，得分标准同已进入球篮的得分标准。

6）3 秒违例：当某队在前场控制活球并且比赛计时钟正在运行时，该队队员在对方限制区内持续停留的时间不得超过 3 秒钟，否则违例。

7）5 秒违例：进攻球员必须在 5 秒钟之内掷出界外球；或在被严密防守时，

必须在5秒钟之内传、投或运球；当裁判员将球递给罚球队员罚球时，该队员必须在5秒钟内出手，否则违例。

8）8秒违例：一个球队从后场控制活球开始，必须在8秒钟内使球进入前场（对方的半场），否则违例。

9）24秒违例：队员在场上获得控制活球时，该队必须在24秒钟内尝试投篮，否则违例。

（8）犯规是对规则的违犯，含有与对方队员的非法身体接触和违反体育道德的举止。裁判对违犯者登记犯规并随后按规则予以处罚。

1）侵人犯规：是队员与对方的接触犯规。无论球是活球还是死球，队员均不应通过伸展其手、臂、肘、肩、髋、腿、膝或脚来拉、阻挡、推、撞、绊、阻止对方队员行进，以及不应将其身体弯曲成“反常的”姿势（超出其圆柱体），也不应该放纵任何粗野或猛烈的动作。在所有情况下都要给犯规队员登记1次侵人犯规。如果对未做投篮动作的队员犯规，由非犯规队在靠近犯规地点的界外掷球入界重新开始比赛。如果犯规队处于全队犯规处罚状态，则应判给未做投篮动作的队员2次罚球，代替掷球入界。如果对正在做投篮动作的队员犯规，如投篮成功，应计得分并判给其1次追加罚球；如投篮不中，则要根据投篮的地点，判给2次或3次罚球。

2）技术犯规：是包含（但不限于）行为性质的队员的非接触犯规。如不顾裁判员警告，没有礼貌地触犯裁判员、技术代表、记录台人员或球队席人员；有冒犯或煽动观众的语言举止；戏弄对方队员或在对方队员的眼睛附近摇手妨碍其视线；在球过球篮后，故意触及球以延误比赛；阻碍迅速地执行掷球入界以延误比赛；假摔以伪造一次犯规等。

队员技术犯规，应给其登记1次技术犯规，作为全队犯规之一计数。教练员、替补队员和随队人员的技术犯规，对每一起违犯行为都要登记教练员1次技术犯规，但不作为全队犯规之一计数。

对技术犯规的处罚，是判给对方2次罚球，以及随后在记录台对面的中线延长部分掷球入界或在中圈跳球开始第一节（如犯规发生在第一节比赛前）。

3）违反体育道德的犯规：根据裁判员的判断，一名队员不是在规则规定的范围内合法地试图直接去抢球，发生接触犯规是违反体育道德的犯规。应给犯规队员登记1次违反体育道德的犯规。判给对方罚球，以及随后在记录台对面的中线延长部分掷球入界或在中圈跳球开始第一节（如犯规发生在第一节比赛前）。

4）罚球的次数按如下规定：对没有做投篮动作的队员发生的犯规应判给2次罚球；对正在做投篮动作的队员发生的犯规，应计得分并加判给1次罚球；如未中篮，应判给 2 次或 3 次罚球。

主题三　篮球课程考核标准

一、考核评价

1. 考核项目

（1）运动技能目标：单手头上投篮（男）、双手头上投篮（女）。

（2）身体素质目标：全场直线运球往返上篮（男 8 次、女 6 次）。

（3）比赛中技术、战术运用。

（4）作业：比赛观后感、教学建议。

2. 评分标准

（1）运动技能：篮框中心在地面的投影点为圆心，以投影点到罚球线的距离为半径画半圆，半圆以外区域投篮。统计 1 分钟原地投篮（女）次数，1 分钟跳投（男）次数，如表 7—1 所示。

表 7—1　**运动技能评分标准**

得分/次数/性别	100 分	90 分	80 分	70 分	60 分	50 分	45 分
男	7 次	6 次	5 次	4 次	3 次	2 次	1 次
女	6 次	5 次	4 次	3 次	2 次	1 次	1 次

（2）身体素质：半场运球至折返区，侧身单脚踩线，返回运球上篮，如表 7—2 所示。

表 7—2　**身体素质评分标准**

得分/7 个球用时/性别	100	95	90	85	80	75	70	65	60	50	45
男	60″	65″	70″	75″	80″	85″	90″	100″	110″	120″	130″
女	60″	65″	70″	75″	80″	85″	90″	100″	110″	120″	130″

3. 总成绩计算

总评成绩＝考试成绩（投、运、技战术运用、作业）×50%＋平时成绩×50%

作业：内容包括篮球比赛的欣赏与分析、对篮球教学的建议。

平时成绩＝考勤（占 10%）＋课内参与（占 15%）＋课外参与（占 15%）

+学生自评与互评（占 10%）

二、推荐网站

（1）虎扑视频网，http：//v. hoopchina. com/。

（2）篮球视界，http：//www. wznba. com/teach/。

（3）TBBA 篮球，http：//www. tbba. com. cn/。

（4）NBA 官方中文网，http：//nba. tom. com/。

（5）中国篮球协会官方网站，http：//www. cba. gov. cn/。

实践与探究

1. 简述篮球运动的特点。

2. 篮球的运动技术有几种？

3. 投篮的姿势有几种？

第八章　排球运动

——教师寄语——

排球运动和篮球运动都是深受人们喜爱的体育运动项目之一，但排球运动又不同于篮球运动，双方没有直接的身体对抗。排球运动是体育锻炼的主要项目，制胜的关键是娴熟和灵活的技巧及队友间的密切配合。

第一节　排球运动概述

运动箴言

竞技项目就是这样，我们变强，对手也在变强，就像两辆车相互竞争，谁更强谁就离胜利更进一步。

排球发明于1895年，最初叫做Mintonette（小网子）。1896年，有记录的第一场排球比赛在美国马萨诸塞州的斯普林菲尔大学举行；20世纪早期，该运动在北美流行开来；1949年，首届排球锦标赛在布拉格举行；1924年，排球作为表演项目亮相巴黎奥运会；1964年，排球正式成为奥运项目。

排球是一项高体能的运动，在两支各六人的队伍之间进行比赛，目的是击球过网使对方在球落地之前不能有效回球以得分。防守队员跑动救球，并将球传给处于进攻状态的队友，进攻球员跳起将球猛扣过网。排球是一项受欢迎的休闲活动，各年龄段、各水平层次的人均可参与。据统计，全世界有超过8亿人每周至少打一次排球，因此有人称排球是世界上最受欢迎的活动之一。

主题一　排球运动的锻炼价值

打排球会刺激拇指、食指、中指、无名指和小指上分布的三阴三阳经，它们分别对应脾、肝、心、肺、肾、胃、胆、小肠、大肠和膀胱，因此打排球会对这些脏器产生积极的影响。

打排球能有效地增强腰背肌力，消除腰背肌力劳损，是适宜坐、久立劳动者的一项运动。排球是弹跳、上肢活动比较多的运动，能提高人的时空判断力，建筑施工专业、烹饪专业、机械制造专业、汽车运用与维修以及长期伏案专业的学生常常参加排球运动，有利于提高身体素质。

参加排球练习有利于养成协作配合和遵守规则的良好习惯，有助于学会与同伴友好相处，提高表达能力和掌握有效沟通的技巧。排球运动员的装备如图 8—1 所示。

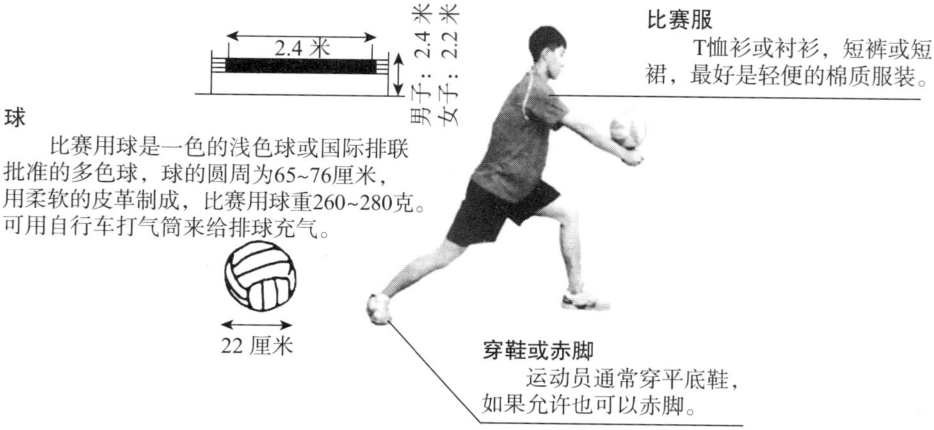

图 8—1　排球运动员的装备

主题二　场地

场地地面通常由木头或合成材料制成，但比赛可以在任何不会对救球运动员造成伤害的地面上进行。室内场地必须平坦，而室外场地为了排水可以有一定的倾斜度。

球场上用线标注场上队员在开球时的位置：后场有 3 名球员（发球手可以站在底线以外的任何一个点上），前场近网有 3 名进攻、拦网球员。

主题三　基本技巧

排球运动有 6 种基本技巧：发球、传球、垫球、进攻（扣球或吊球）、拦网和救球。发球有上手发球和下手发球，也可以跳起发球。任何到达对方半场的发球都有效，即便球触网仍然有效。

扣球（进攻）过程中，球员跳起超过网高，将球大力扣到对方场内。一旦球越过中线，拦网球员就聚集到网前高举双手进行拦网，以防止在自己半场内造成威胁。球员扑向地面或将身体压得很低，尽量在球触地前将球救到一定高度，以便队友接球。

主题四　沙滩排球

沙滩排球在沙地上进行，场地比标准排球略小，每队只有两名球员。沙滩排球正式比赛始于 20 世纪 70 年代后期，并于 1996 年成为奥运会项目。沙滩排球和标准排球有几处不同，比如沙滩排球使用的球略大，重量也更轻一些，运动员在场上穿短裤或泳装。

第二节　如何打好排球

主题一　准备姿势

半蹲准备姿势动作要领：两脚自然开立，双膝适当弯曲，脚后跟稍提起，两腿微动；收腹，重心前移，两臂弯曲，两眼注视来球。准备姿势如图 8—2 所示。

移动的步法分为：并步与滑步、跨步、交叉步、跑步。

一、滑步

球距离身体较近、弧线较高时用滑步：右（左）脚先向右（左）迈出一步，另一只脚迅速并上。滑步如图 8—3 所示。

图 8—2　准备姿势

图 8—3　滑步

二、跨步

跨步移动距离近，便于接距离身体 1～2 米的低球；移动时步幅较大，身体重心较低，可以向前、向斜前或向侧方。跨步如图 8—4 所示。

三、交叉步

采用交叉步时，来球距身体两米左右，上体稍向右（左）转，左（右）脚从右（左）脚前面向右（左）交叉迈出一步，然后右（左）脚向右（左）跨出一大步，同时身体转向来球方向，保持击球前的姿势。交叉步如图 8—5 所示。

图 8—4　跨步

图 8—5　交叉步

☞小知识

最初的排球运动是在篮球场上挂一张网，两队隔网站立，以篮球胆为球，在网上打来打去，不使其落地。斯普林菲尔德市立学院的特哈尔斯戴博士将其命名为 Volleyball，意为“空中飞球”。

主题二　发球（以右手发球为例）

一、正面下手发球

左手将球抛起在身体右侧约 20 厘米处，右手顺势后摆，右脚蹬地发力，右臂加速前摆，用掌根（或者虎口）击球的后下部。

二、侧身下手发球

侧身下手发球与正面下手发球基本相同，不同的是把握好向左做转体的角度。如图 8—6 所示。

图 8—6　侧身下手发球

三、正面上手发球

左脚在前，左手托球于体前，抛球于体前右肩上方约 50 厘米，右手顺势后摆，右脚蹬地重心前移，以收腹、屈体、挥臂鞭甩击球，手掌击中球的后下部，做到推、包、压，使球向前下旋。如图 8—7 所示。

图 8—7 正面上手发球

主题三 垫球

一、准备姿势和运作要领

准备姿势：两脚开立，稍比肩宽。

动作要领：双臂伸直夹紧，上下肢协调用力，一插、二夹、三蹬地、四抬臂，击球点在前臂关节以上 10 厘米处。如图 8—8 所示。

图 8—8 垫球

二、练习方法

1. 两手垫固定球

两人一组，一人持球于腹前，另一人用垫球动作击球。

要求：体会垫球部位。如图 8—9 所示。

图 8—9 垫球部位

2. 自垫高、低球

要求：体会上下肢协调用力。如图 8—10 所示。

图 8—10　自垫高、低球

3. 对墙连续垫球

如图 8—11 所示。

图 8—11　对墙连续垫球

4. 垫抛球

一人垫球，抛球到位，左右前后抛球。如图 8—12 所示。

图 8—12　垫抛球

5. 相距 4～5 米，两人对垫

如图 8—13 所示。

图 8—13　垫抛球

主题四　传球

一、准备姿势和动作要领

准备姿势：稍蹲，面对来球，双手自然抬起，放松，置于脸前。

动作要领：正对来球，两手自然张开与球吻合，蹬地伸臂，于前额上方主动迎球。上下肢协调用力，重心前移。如图 8—14 所示。

图 8—14　传球

☞小知识

运动员在接低球和扑救球时容易擦伤（皮肤表面受到摩擦后的损伤），首先需要止血。通过冷敷、抬高肢体、绷带加压包扎，或用手指按住出血点止血（指压法）。

二、练习方法

1. 对墙传球

由近到远，近 25 厘米处，体会手指手腕用力；远 150 厘米处，体会上肢配合用力。如图 8—15 所示。

图 8—15　对墙传球

2. 两人对传

两人相距 3～4 米，对传。

要求：传球有一定弧度，随时准备移动。如图 8—16 所示。

图 8—16　两人对传

主题五　扣球

一、动作要领

（1）先右脚向前走一步（找方向），左脚把握好节奏向前迈出一步，右脚跨出一大步的同时左脚快速跟上，身体略向右侧身，原地完成踏跳步（起跳有力）。

（2）挥臂时，迅速转体，收腹动作发力，依次带动肩、肘、腕各关节成鞭甩动作向前上方弧形挥动，在右肩前上方最高点击球。以全掌包满球，右手腕推压动作，使球向前下方旋转飞行。

（3）落地时，身体自然下落，缓冲落地，保持平衡。

扣球动作过程如图 8—17 所示。

图 8—17　扣球

二、练习方法

1. 叩击固定球

两人一组，一人双手持球举至头顶，另一人挥臂叩击固定球。

要求：体会击球点和手型。如图 8—18 所示。

图 8—18　叩击固定球

2. 两人一组，隔网对站，抛球、挥臂、鞭甩、击球反弹过网

要求：体会手腕及腰背的鞭甩动作。

3. 网前助跑起跳

要求：掌握助跑起跳步法。如图 8—19 所示。

图 8—19　网前助跑起跳

4. 跳扣固定球或扣固定吊球

要求：体会跳点、扣球击球点和手型。如图 8—20 所示。

图 8—20　跳扣固定球

小知识

排球的自练计划

准备活动：上肢的挥、摆、绕练习，下肢的牵张练习，步法移动

练习。

基本练习：传、垫、发、扣以及移动蛙跳、纵跳提高。

恢复措施：抖动肢体的放松、慢跑、热水浴。

第三节 比赛如何获胜

运动箴言

我可以接受失败，但无法接受放弃！

想赢得排球比赛胜利，必须从接球和防守开始练习，二传是组织进攻战术的核心，也是进攻战术的组织者。因此，了解排球比赛阵容配备、进攻及防守战术是赢得比赛胜利的根本。

主题一 阵容配备

一、"四二"配备

四名进攻队员和两名二传队员，四名进攻队员都站在对角位置上，如图 8—21 所示。

特点：比赛中每一轮的前后排都有一名二传手，两名攻手（即一名主攻手和一名副攻手）。其作用是便于组织进攻，发挥本队的攻击力量，较容易组成"中一二"与"边一二"进攻战术。此阵容配备多为初学者和一般水平的球队采用。

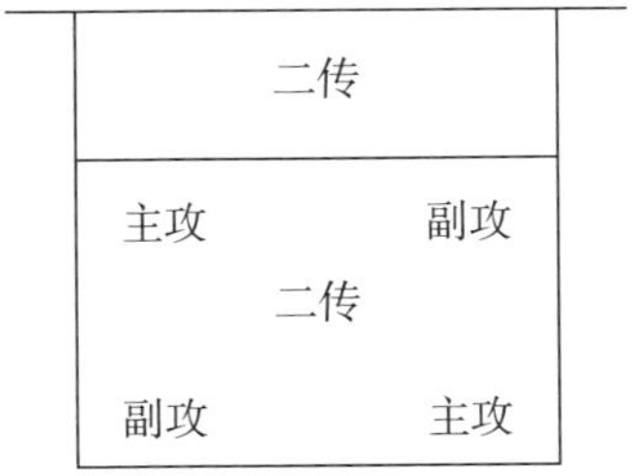

图 8—21 "四二配备"

二、"五一"配备

五名进攻队员和一名二传队员，如图 8—22 所示。加强进攻拦网的力量，配一名有进攻能力的接应二传，弥补主要二传队员来不及传球时出现的被动局面。

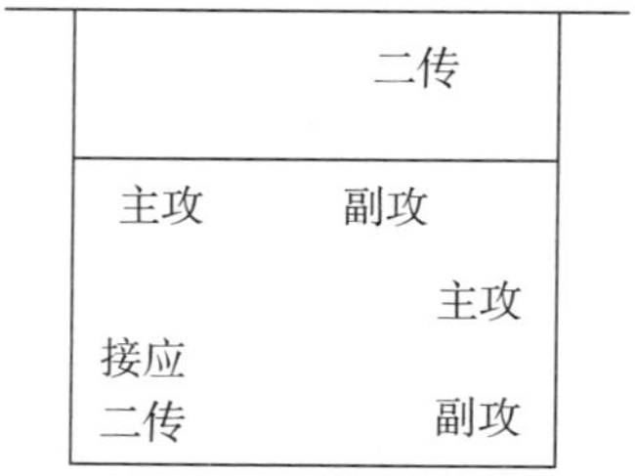

图 8—22 “五一”配备

特点：比赛中只有一名二传手，其他队员为进攻手。其优点是有利于加强进攻和拦网力量，进攻点多而灵活，但是对二传手的要求较高。

☞小知识

排球世界锦标赛

排球世界锦标赛是排球运动会开创以来举办的第一个世界范围大赛，也是排球运动中最重要的赛事之一。

排球世界锦标赛是由国际排球联合会（FIVB）创办的。

第一届男子排球世界锦标赛于 1949 年在捷克斯洛伐克首都布拉格举行。

第一届女子排球世界锦标赛于 1952 年在苏联的莫斯科举行。

世锦赛每四年举办一次，在排球运动中的地位相当于足球的世界杯。

主题二　进攻战术

一、“中一二”进攻战术

3 号位队员作为二传，将球传给 4、2 号位队员进攻的组织形式，如图 8—23 所示。

特点：二传手居中，易于接应，便于组织进攻。但其只能两点进攻，战术变化少。这种战术适合初级水平的球队运用。

二、“边一二”进攻战术

2 号位队员作为二传，将球传给 3、4 号位队员的组织形式，如图 8—24 所示。

特点：两点进攻队员位置相邻，便于相互配合，从而能打出多变的战术球。

三、“插上”进攻战术

1 号进攻队员由后排插到前排作为二传，把球传给 4、3、2 号队员进攻的组织形式，如图 8—25 所示。

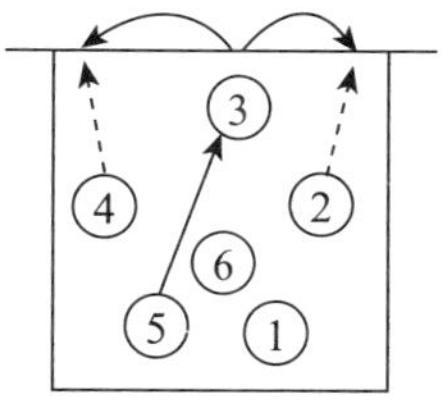

图 8—23 “中一二”进攻战术

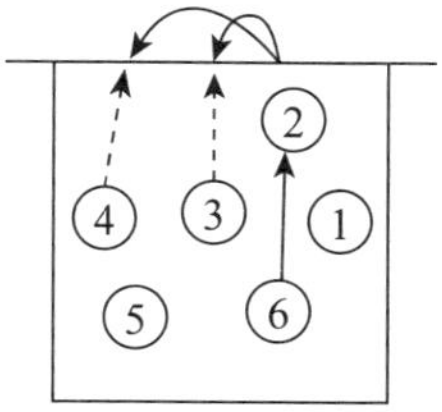

图 8—24 “边一二”进攻战术

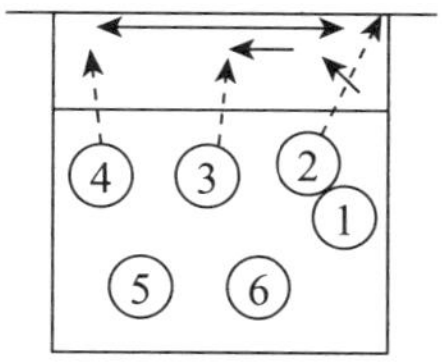

图 8—25 “插上”进攻战术

特点：有利于组织各种进攻战术，进攻点灵活。不足之处是容易让接球队员接一传。

主题三　防守战术

这里主要介绍接发球阵形。

一、“W”站位阵形

初学者比赛多采用“中、边一二”进攻阵形，大多数站成“W”形，也称“一三二”型站位。五名队员分布均衡，前面三名队员接前场区的球，后排两名队员接后场区的球，职责分明。其缺点是后排两名队员接发球压力大。

二、“M”站住阵形

“M”形站位，也称“一二一二”站位，其优点是队员分布更加均匀，分工明确，前面两名队员接前区球，中间队员负责中区的球，后面两名队员接后区球。

☞小知识

自由人

“自由人”就是只能在后场进行防守活动，不能参与前排网上动作及发球的队员，其接上换下比较自由。这样，在场下的队员可以在聆听完教练指导后上场继续比赛。

第四节　排球规则简介及课程考核标准

运动箴言

有些规则很奇怪，但假如要玩，就得遵守这些规则。

主题一　关于比赛得分和获胜

比赛采用每球得分制，胜一球即得 1 分。

比赛采用 5 局 3 胜制。在比赛的前 4 局中，以先得 25 分、并同时超出对方 2 分的队为胜；比分为 24：24 时，继续比赛至某队领先 2 分为胜一局，决胜局以先得 15 分，并同时超出对 2 分的队获胜；当比分 14：14 时，继续比赛至某队领先 2 分为止。

主题二　关于“自由防守队员”的规定

自由防守队员即俗称的“自由人”。

（1）每队可选择 1 人为自由人。

（2）自由人必须穿着与其他队员不同颜色的上衣。

（3）自由人可以在比赛中断和裁判鸣哨发球之前，从进攻线与端线之间的边线处自由进出，替换任意一位后排球员，不计换人次数，也不限上下次数，但其上下两次之间必须经过一次发球赛的过程。

（4）自由人不能发球和拦网。

（5）自由人在任何区域都不得将高于球网上沿的球直接击入对方场内。

（6）自由人在前场区及前场区外无障碍区上手传出高于球网上沿时，其他队员不得进行进攻性击球，当其在后场区外无障碍区上手传出高于球网上沿的球时，其他队员可以进行进攻性击球。

（7）如果自由人受伤，经裁判允许可由该队任一队员替换，但受伤的自由人本场不能比赛，替换者也只能按自由人的规定比赛。

主题三　发球犯规

一、发球击球时的犯规

（1）发球次序错误：取得发球权队的 6 名场上队员必须按顺时针方向轮转一个位置，由轮到后排右侧的队员发球。

（2）发球区外发球：发球队员在发球时不受位置错误的限制。在发球击球时或起跳发球时，踏及场内或在发球区外为犯规。跳发球队员击球前允许在发球区外助跑，但起跳时必须在发球区外，击球后可以踏及场内或发球区外。

（3）发球击球时未抛球或持球未撤离。

（4）发球 8 秒钟仍未将球发出，判失 1 分。

二、发球击球后的犯规

（1）发出的球触及发球队一方的球员、球网或未通过球网垂直面，判失 1 分。

（2）界外球：球的落点完全在场区界线以外的地面上；球触及场外物体、天花板或非比赛成员等；球触及标志带、网绳、网柱或球网标志杆以外的部分；发球时球进入对方场内，但球的整体或部分从网区以外过网。以上情况判发球出界后队失 1 分。

（3）发球掩护：任何一名发球队的队员，以挥臂、跳跃或左右晃动等动作妨碍对方接发球，并且发出的球从他们的上空飞过，则构成个人掩护。发球队有两名或更多队员密集站立遮挡发球队员，并且发出的球在其上空飞过，则构成集体掩护，均应判发球方失 1 分，并换对方发球。

主题四　位置错误

发球击球瞬间，双方任何一名队员不在规则规定的位置上，构成位置错误犯规。

同排队友位置错误，如前排的 2、3、4 号位队友的位置不能站错，即同排左边或右边队员的一只脚的某部分必须比同排中间的双脚距离同侧边线更近（允许部分重叠）。再如同列队员中，前排队员一只脚的某部分必须比同列后队员的距离中线更近。同时，前后排队友的位置也不能错误，即后排队员不能超越前排队员，或前排队员不能站在后排队员的后面。

如出现以上犯规，则判失 1 分。

主题五　击球时的犯规

一、击球

一个队连续击球 4 次（拦网一次除外）为 4 次击球犯规。

二、持球

球必须击出，而不是接住或抛出，不能使球有停滞感。

三、连击

一名队员连续击球 2 次或球连续接触身体的不同部位即为连击犯规（拦网一次和第一次击球不算连击）。

主题六　在球网附近的犯规

一、过网击球

当对方进攻性击球前或击球时，在对方空间触及球或触及对方球员均为过网击球犯规。如果击球点尚在本方场区上空，击球后随手过网则不判犯规。

二、过中线

比赛进行中，队员整个脚、整个手或身体其他部位整个进入对方场区时，称为过中线犯规。但是如果队员的一只脚或双脚、一只手或双手越过中线触及对方场区的同时，其余部分还接触或置于中线上空是允许的，不判为犯规。比赛中断后队员可以进入对方场区，因此，必须清楚判断是先成死球，还是先过中线。

三、网下穿越

网下穿越进入对方空间的队员是否妨碍对方比赛，关键是看网下穿越进入对方空间的队员是否妨碍对方比赛，只要妨碍就属于犯规。

四、触网

比赛进行中，任何队员触及 9.50 米以内的球网、标志杆均为触网犯规。但如果队员未进行击球时偶尔触网，不判犯规。另外，由于球被击入球网造成网触及队员，属被动触网，不算犯规。

五、进入对方无障碍区的球

球的整体部分从过网区以外进入对方无障碍区，队员不进入对方场区的前提下将球从同侧过网区以外击回是允许的，击球时对方球员不得阻碍干扰。

主题七　拦网犯规

一、过网拦网

在对方进行攻击性击球（包括扣球、吊球、第三次击球，以及本队有过网趋势的传球）和前击球时，在对方空间拦网触球。

二、后排队员拦网

后排队员靠近球网，将手伸向高于球网出阻拦对方来球，并触及球。

三、拦发球

拦对方发过来的球即为犯规。

主题八　进攻性击球犯规

一、后排队员进攻性击球

后排队员在前场区内，或踏及进攻线时，击整体高于球网上沿水平面上的球，并使球的整体由过网区通过球网垂直面或触及对方拦网球员，即为犯规。

二、在前场区击发球

在前场区对方发过来的高于球网的球，完成进行性击球（如扣球、掉发球）为犯规。但在后场区起跳，击球后仍在后场区落地不犯规。

主题九　排球课程考核标准

一、考核评价标准

1. 考核项目

（1）自垫球、自传球任选一项。

（2）发球。男生正面上手发球，女生发球姿势不限。

2. 考核方法和标准

（1）自传球、自垫球任选（考试 60%＋技评 40%）。

男生标准：20 个及格，超过 20 个后，每增加 1 个加 1 分，满分 60 个。

女生标准：15 个及格，超过 15 个后，每增加 1 个加 2 分，满分 35 个。

自传球技评标准：准备姿势 10 分，缓冲 20 分，击球点 20 分，两肘分开 10 分，手指成半球形 10 分，手腕后扣 10 分，正确用力 20 分。

自垫球技评标准：手腕下压 20 分，击球时保持肘部不弯曲 20 分，击球点 20 分，肩关节是否放松 20 分，双臂夹紧 20 分。

（2）发球（考试 60%＋技评 40%）。

男生标准：正面上手发飘球，每人发球 10 个，以球落到球场区域分值多少计分，如图 8—26 所示。

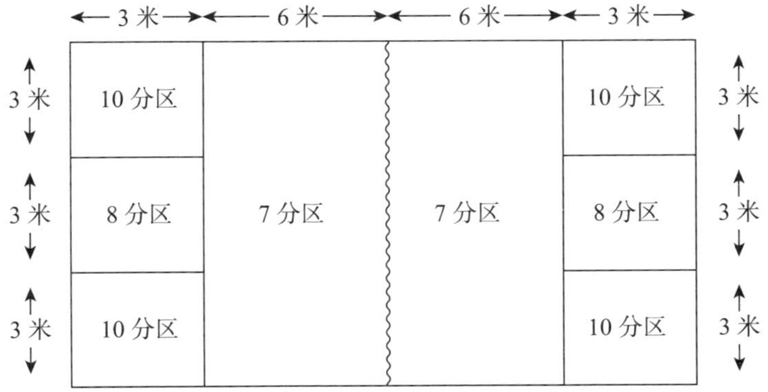

图 8—26　发球落点得分示意图

女生标准：正面下手发球，每人发球 10 个，评分标准见表 8—1。

表 8—1　　评分标准

得分	100	90	80	70	60	50	40	30	20	10
发球数	10	9	8	7	6	5	4	3	2	1

技评标准：准备姿势 20 分，抛球 20 分，挥臂 20 分，击球点 20 分，重心移动 20 分。

3. 总评成绩

总评成绩=技术考核成绩（50%）+平时成绩（50%）

注：平时成绩=考勤（40%）+参与程度（30）+作业（30）

二、推荐网站

（1）今日排球，http：//www. volleyball. sh. cn/。

（2）中国排球协会的官方网站，http：//www. volleyball. org. cn/。

（3）国际排联官方网站，http：//www. fivb. org/。

实践与探究

1. 排球运动场地一般由哪种材料制成？

2. 排球场上队员有几名？

3. 排球运动的 6 种基本技术分别是什么？

第九章　乒乓球运动

——教师寄语——

乒乓球是一项易于在各年龄段人群中开展的、普及率很高的体育运动，被誉为国球。不仅是因为乒乓球运动员为国家争得了荣誉，更重要的是乒乓球集观赏、健身、娱乐和竞技于一身，为参与这项运动的人带来了健康和快乐。

第一节　乒乓球运动概述

运动箴言

拼变化，拼胆量，拼创意。

乒乓球运动起源于19世纪末的英国，1998年开始进入奥运会，是一项在快速移动中对体能要求很高的球拍类运动。其竞赛项目有男子团体、女子团体、男子单打、女子单打、男子双打、女子双打和混合双打7项。乒乓球是世界上参与人数众多的球类运动之一，全世界大概有3亿人参与这项运动，尤其是在中国、韩国等亚洲国家非常普及。

主题一　乒乓球运动的锻炼价值

乒乓球运动有助于全身的肌肉和关节组织得到活动，从而提高动作的速度和上下肢活动的能力；发展人的灵敏性和协调性；培养勇敢顽强、机智果断等品质，是保健、医疗和康复的有效手段。

☞小知识

运动素质

乒乓球运动员要求有快速的反应、过人的眼力和手的协调力。乒乓球最快时速可达160千米/小时。

主题二　球台

球台是由纤维板或者类似质地的硬木再铺上光滑、低摩擦的表面构成。球台通常是深绿色或蓝色。如图 9—1 所示。

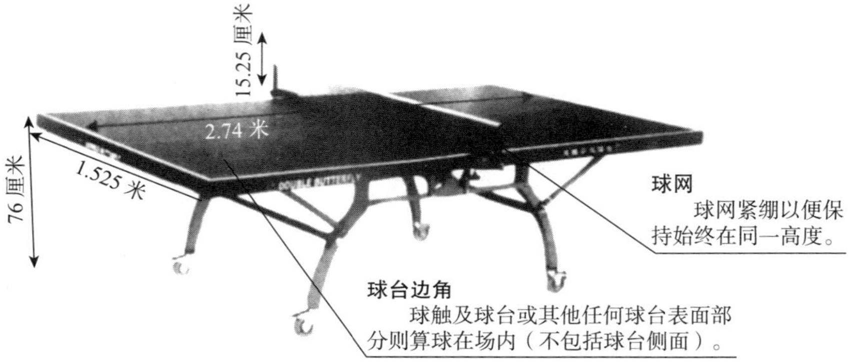

图 9—1　乒乓球台

主题三　乒乓球的握拍

乒乓球拍的握法有多种，最为常见的有两大类：横式握拍法和直式握拍法。

（1）横式握拍法：中指、无名指和小指自然握住拍柄，拇指在球拍正面紧贴中指旁，食指自然伸直斜放于球拍背面，虎口轻微贴拍。如图 9—2 所示。

（2）直式握拍法：正面拇指第一指节和食指第二指节握拍，拍柄压住虎口，背面中指、无名指和小指自然弯曲收起，尽量让拍面利于击球。如图 9—3 所示。

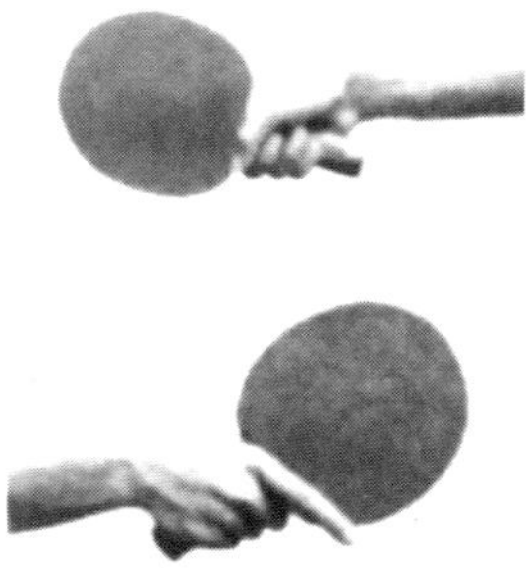

图 9—2　横式握拍法

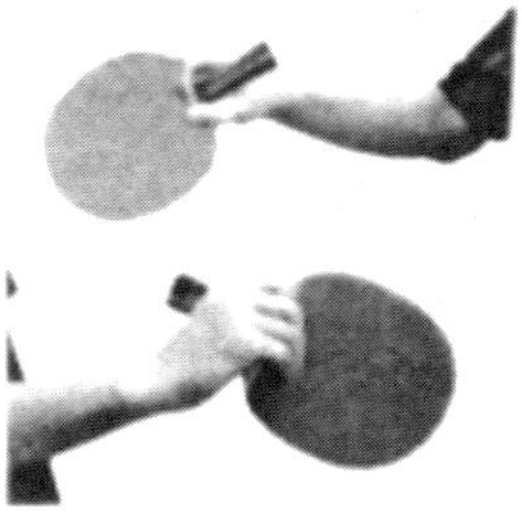

图 9—3　直式握拍法

第二节　如何打好乒乓球

运动箴言

日复一日地坚持下去吧！

主题一　准备姿势

两脚开立约与肩同宽，两膝微屈稍内扣，以前脚掌内侧着地，身体重心在两脚中间，上体微前倾，下颌微收，两眼注视来球，持拍手臂自然弯曲，手腕放松，置于腹前，持球手自然弯曲抬起高于台面。如图 9—4 所示。

图 9—4　准备姿势

主题二　基本步法

乒乓球运动的技术由两个重要因素组成，一是手法，二是步法。手法是乒乓球技术的生命，步法是乒乓球技术的灵魂。步法不到位，技术就无法正常发挥，手法也就无法体现。我们着重介绍其中四种基本步法。

一、单步

以一脚为轴，另一脚向前、后、左、右任何一个方向移动一步，移步完成时身体重心也随之落到移动的脚上。如图 9—5 所示。

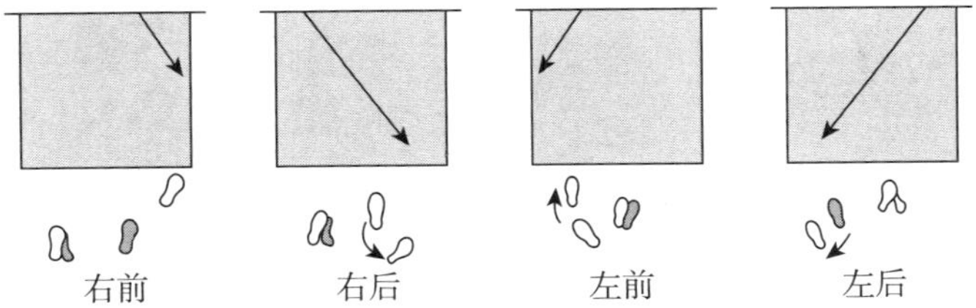

图 9—5　单步

二、跨步

以远离来球的一脚蹬地，靠近来球的脚向移动方向跨出一大步，身体重心随即落到该脚上，另一只脚再跟着移动一步。如图 9—6 所示。

三、跳步

以远离来球的一脚蹬地，两脚同时离地向来球方向跳动，最先移动的脚先落地，另一只脚跟着着地。如图 9—7 所示。

四、交叉步

靠近来球方向的脚先做一小垫步并用力蹬地起动，身体向来球方同转动，远离来球的脚越过靠近来球方向的脚跨出一大步，两脚在身体前形成交叉。远离来球的脚将落地时击球，同时上体顺势面向球台，靠近来球方向的脚随之落在另一只脚的侧后方。如图 9—8 所示。

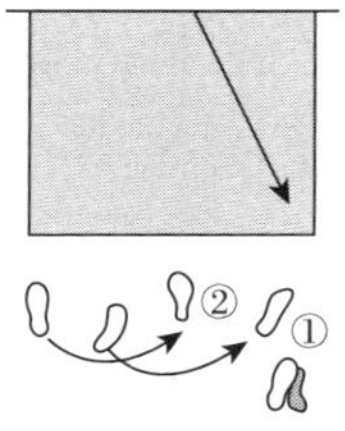

图 9—6　跨步

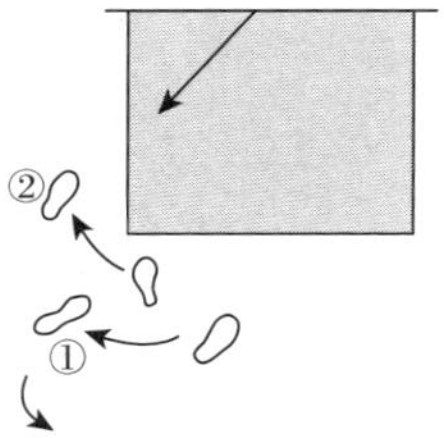

图 9—7　跳步

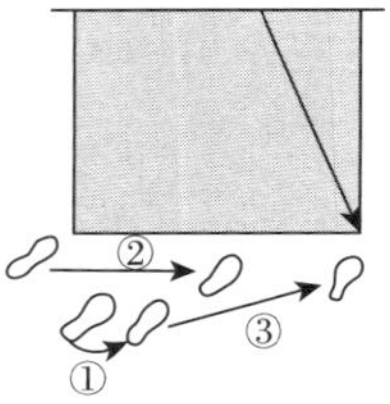

图 9—8　交叉步

主题三　技术与练习方法

一、基本技术

1. 推挡

离台 40 厘米左右，站在球台左半台的 1/3 处呈准备姿势，拍面半横状，拍形稍前倾。在来球的上升期，击球的中上部，前臂和手腕用力向前并略向上推出，食指稍用力压拍，拇指略放松。如图 9—9 所示。

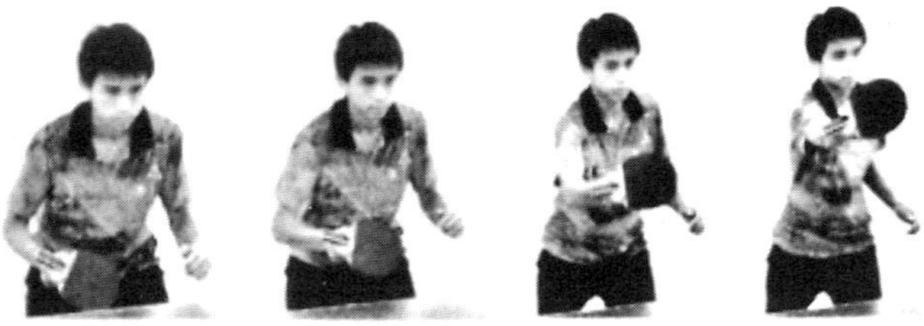

图 9—9　推挡

2. 正手近台快攻

站在近台，前臂与地面略平，以前臂发力为主，拍面前倾，在来球的上升期触球中上部以向前上方发力为主。前臂挥动要快，用力适当。球击出后，还原要迅速，放松准备下一板击球。如图 9—10 所示。

图 9—10　正手近台快攻

3. 反手拨球

站在近台，右脚稍前，持拍手自然弯曲置于腹前偏左，重心偏于左脚，顺来球线路向后引拍。当球从台上弹起，持拍手由左后向右前上加速挥拍，前臂发力为主，手腕外转，拍面前倾，重心移至右脚，在来球的上升期击球的中上部。如图 9—11 所示。

图 9—11　反手拨球

4. 反手慢搓（横板、直板）

近台站位，右脚稍前，持拍手臂自然弯曲。击球时用前臂和手腕向前下方用力，拍面后仰，在下降期击球中下部。反手慢搓分为横板和直板两种，如图 9—12、图 9—13 所示。

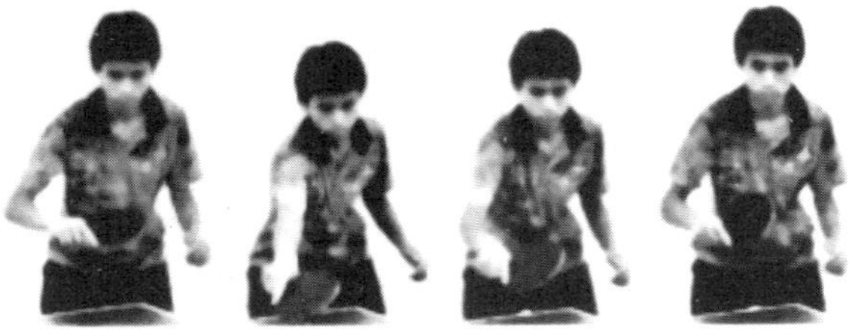

图 9—12　横板反手慢搓

图 9—13　直板反手慢搓

5. 反手直拍横打

身体重心放低，左脚前，右脚后，前臂抬起，自然放松。腰部左转，带动手臂引拍，前臂以及手腕内收。击球时，向右转腰，带动手臂自然迎前，在来球的上升期向前上方击球。击球瞬间，前臂以及手腕向外展，触球中上部。如图 9—14 所示。

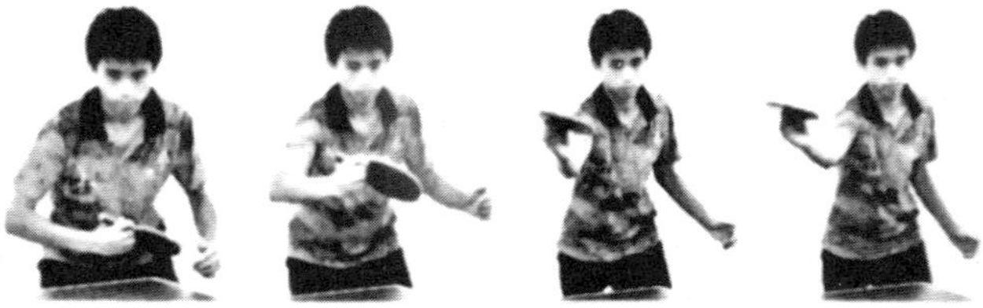

图 9—14　反手直拍横打

6. 弧圈球（横板、直板）

拉球准备动作是左脚在前右脚在后，身体向右扭转，右肩略低于左肩。拉球加转球，手臂自然下垂，在来球的下降期，拍面稍前倾，摩擦球的中部偏上位置，发力向上为主，略带向前。以转腰带动肩、上臂、前臂和手腕发力将球击发。弧圈球分为横板和直板两种，如图 9—15、图 9—16 所示。

图 9—15　横板弧圈球

图 9—16　直板弧圈球

二、发球技术

1. 平击发球（横板、直板）

发球时，持球手向上将球轻抛起，同时持拍手向后引拍。球从高点下降低于球网，持拍手以肘部为轴心，前臂向右前方横摆击球。向前挥拍时，拍面前倾，击球中上部。击球后第一落点在本方球台的中部。平击发球分为横板和直板两种，如图 9—17、图 9—18 所示。

图 9—17　横板平击发球

图 9—18　直板平击发球

2. 正手发下旋球（横板、直板）

拍面稍后仰，引拍至身体右后上方。当球下降至低于球网时，前臂迅速向前下方用力摩擦球，触球的中下部。第一落点在本方球台端线附近。正手发下旋球分为横板和直板两种，如图 9—19、图 9—20 所示。

图 9—19　横板正手发下旋球

图 9—20　直板正手发下旋球

☞小知识

合法发球

发球时，球应该放在不执拍手掌上，手掌张开并伸平，球应静止在比赛台面端线之后的水平面之上。

发球时必须垂直向上抛球，不得使球旋转，并使球离开手掌上升不少于 16 厘米。

无遮挡发球。当球从抛起到最高点降落时，发球员击球使球首先触及本方台区，然后越过球网，后触及接球员的台区。在双打中，球应先后触及发球员和接球员的右半区。

三、接发球技术

接发球技术的掌握须以拍形和击球时间为基础。

拍形是指拍面与台面所形成的角度，它分为前倾、稍前倾、垂直，后仰和稍后仰 5 种。在击球的过程中，要保持合理的拍形。如图 9—21 所示。

击球时间是指来球在本方台面弹起后第二弧线的不同阶段，大致可以分 5 个时期：上升前期、上升后期、离点期、下降前期、下降后期。如图 9—22 所示。

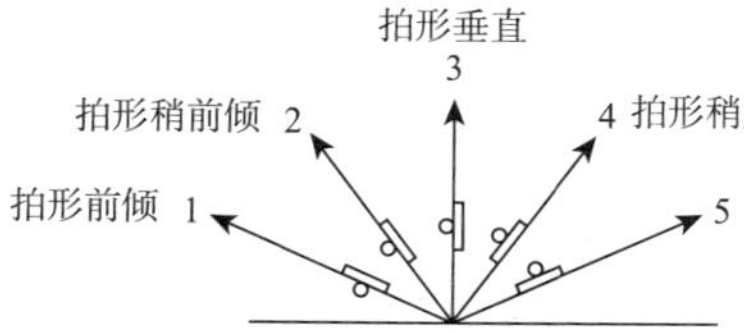

图 9—21　拍形

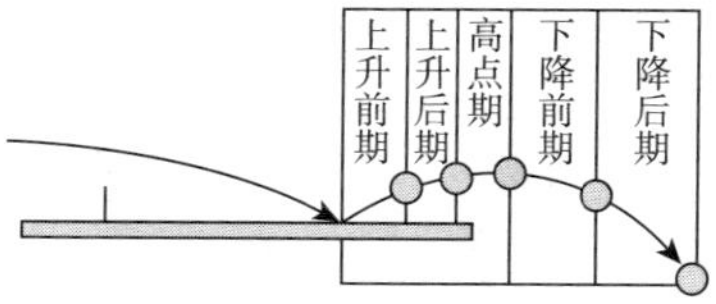

图 9—22　击球时间

1. 接平击发球

站位靠近球台，借助来球的反弹力，用推挡、反手直拍横打、反手拨球、正手近台快攻等动作，在来球的上升期或高点期击球，以向前用力为主略向上。

2. 接下旋球

发过来的球球速较慢，触拍后向下反弹，可用搓球回接，注意拍面后仰以增加向前上方的发力，击球时间为下降前期。也可以用拉球回接，击球时间为下降期，多向上用力，增加摩擦球的动作。

3. 接左（右）侧上旋球

一般采用推挡、攻球回击最好，接球时拍面角度要稍前倾，拍面朝向左（右）偏斜来抵消来球的左（右）侧旋，加大向前下方的用力，防止球触拍时向自己的右（左）上方反弹。

4. 接左（右）侧下旋球

一般采用搓球，接球时拍面角度要稍后仰，拍面朝向左（右）偏斜来抵消来球的左（右）侧旋，稍向上方用力，防止球触拍时向自己的右（左）下方反弹。

四、练习方法

1. 单线练习法

（1）右方斜线对攻，如图 9—23 所示。

（2）左方斜线反手拨球或直拍横打，如图 9—24 所示。

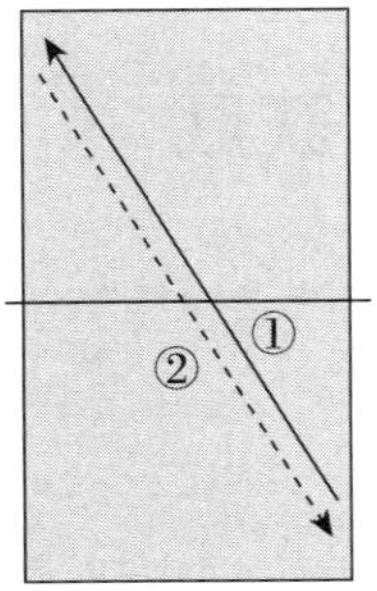

图 9—23　右方斜线对攻

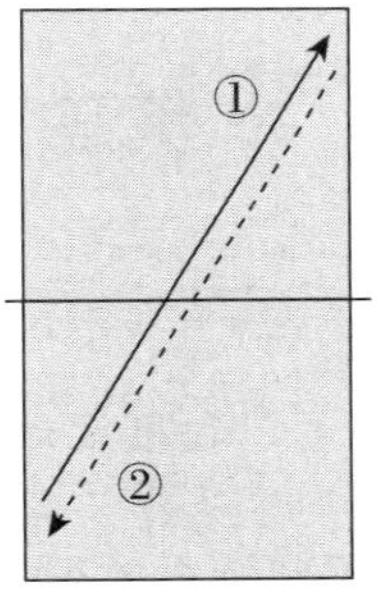

图 9—24　左方斜线反手拨球

2. 复线练习法

（1）两点打一点练习。练习者在规定的两个点上左右循环移动击球，移动步法一般采用跨步。两点设置可以是 1/2 台，也可以是全台。图 9—25、图 9—26、图 9—27 分别为两点打一点练习的三种形式：正手快攻 1/2 台跑位、侧身快攻 1/2 台跑位，左推（拨）右攻。

（2）三点打一点规定落点练习。练习者在全台 3 个点上依次进行移动击球，如图 9—28 所示。

（3）两斜对两直结合练习。一方只打两条斜线，另一方只打两条直线。用正、反手回球，移动步法一般采用跨步。如图 9—29 所示。

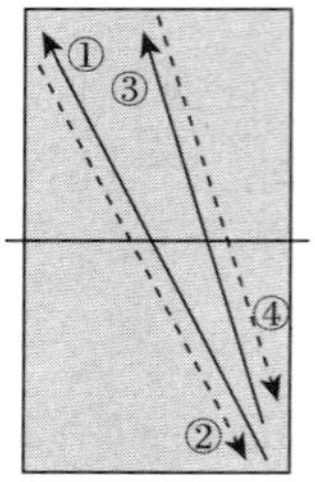

图 9—25　正手快攻 1/2 台跑位

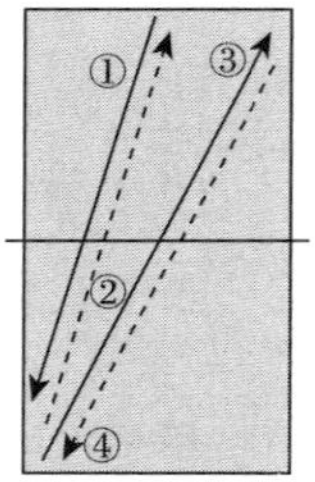

图 9—26　侧身快攻 1/2 台跑位

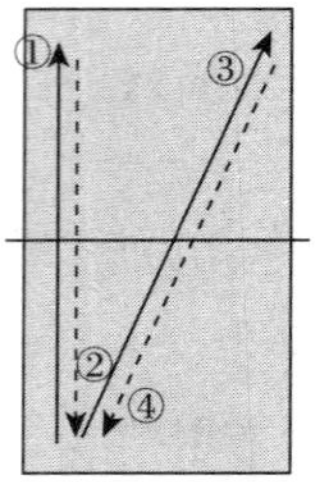

图 9—27　左推（拨）右攻

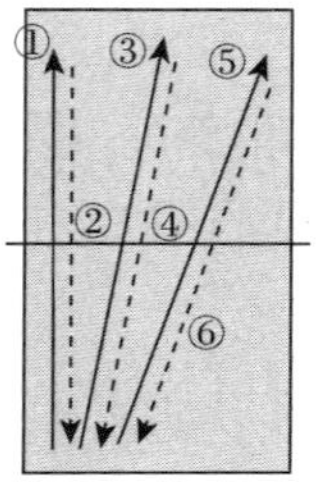

图 9—28　三点打一点

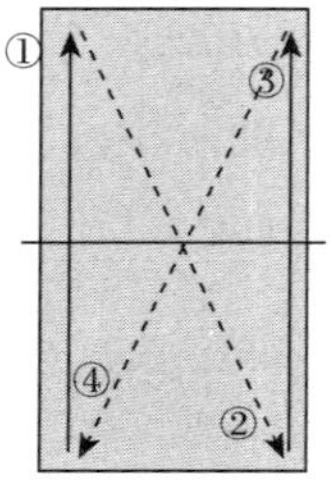

图 9—29　两斜对两直

第三节　比赛如何获胜

运动箴言

以我为主，积极主动，机动灵活。

一个人不可能样样技术都精通，总会有好有差，运用战术就是为了扬长避短，从而战胜对手。

主题一　发球抢攻

运用发球抢攻时，要注意发球与抢攻的配合，所选的发球方式要与自己的技术特长密切结合。发球前，要做到心中有数，预先估计对方可能怎样回接、接到什么位置、自己如何抢攻，以免错失机会。

（1）侧身用正手发平击球后抢攻。通常发球至对手中路偏反手底线大角，再配合正反手攻球。当对方侧身攻你反手，可用推挡压直线，也可侧身攻直线还击，迫使对方扑救正手位，可寻机抢攻。

（2）正手发转与不转球后抢攻。这是中国选手擅长的技术，尤其是直拍选手的绝招。

（3）反手发右侧上、下旋球后抢攻。如果你的正、反手都有一定的进攻能力，不妨也掌握这种战术，以增加变化的余地。

主题二　搓攻战术

搓攻战术的几种方式：

（1）先搓反手大角再变直线。

（2）搓对方薄弱环节后抢攻。

（3）摆脱搓攻的战术。当对方搓球不是很转时，可用推、拨转入对攻；搓中抢先拉弧圈或挂起来，迫使对攻。

主题三　对攻战术

尽管“前三板”是乒乓球制胜的一大法宝，但它毕竟不是万能的，还有许多球无法在“前三板”中见胜负，必须运用对攻相持的战术。常用的对攻战术如下：

（1）连压反手，伺机抢攻。

（2）调正手压反手（调右压左）。

（3）压中路配合压两大角。

第四节　乒乓球规则简介及课程考核标准

运动箴言

不论胜败都应全力参加比赛，就算输了，也要有最佳的表现。

主题一　选择方位和球权

每场比赛开始前，由双方运动员以抽签的方法选择方位和发球权，中签者可选择方位和发球、接受发球权，也可要求对方先作选择。

主题二　合法发球

（1）发球时，球应放在不执球拍的手掌上，手掌应静止、张开、伸平，四指并拢，拇指自然张开。

（2）发球过程中，抛球手及球应始终高于台面。

（3）抛球时只能平行上抛，不可以使球旋转，至少应使球在离开抛球手手掌之后上升 16 厘米。

（4）当球从高点降落时，发球者才能击球，并使球首先击中发球方台区，然后直接越过或者绕过球网，落至接发球者台区。双打时，发球方必须将球发至本方台面的“右半区”，球弹起过网后落至对方台面的“右半区”。

（5）发球者击球时，球必须处在发球者端线或其假设延长线之内，但不得远于发球者身体离球网最远的部分。

（6）运动员发球时，有责任让裁判能够看清楚他是否按照合法发球规则发球。在一场比赛中，裁判员如果第一次对运动员的发球产生怀疑时，可以中断比赛，出示蓝牌警告发球者，不判失误。

（7）因身体损伤而不能严格遵守合法发球的某些规定时，必须在赛前向裁判声明。

主题三　合法还击

对方合法发球或合法还击以后，本方运动员必须击球，使球直接越过或绕过球网，再触及对方台区。

主题四　重发球

比赛时出现下列情况应判重发球：

（1）如果发球者发出的球，正越过或者绕过球网装置时，触及网球装置，接触对方合法台区；

（2）球已经发出，但接发球者或其同伴未准备好，而且没有企图击球；

（3）由于发生了运动员无法控制的干扰，而使运动员未能合法发球，合法还击或遵守规则。

主题五　暂停比赛

裁判员可以在下列情况下暂停比赛：

（1）要纠正发球、接发球次序或方位错误；

（2）要实行转换发球法；

（3）警告或者处罚运动员；

（4）比赛环境受到干扰，以致回合结果可能受到影响。

主题六　失分

除非一个回合被裁判重发球，下列情况判失 1 分。

（1）未能发出合法球；

（2）未能合法还击；
（3）拦击或者阻扰；
（4）连续两次击球；
（5）球连续两次触及本方台区；
（6）用不符合规则的拍面击球；
（7）在球处于比赛状态时，运动员及其穿戴的任何物品触及球网或球柱；
（8）在球处于比赛状态时，不执拍手触及台面；
（9）发球时，运动员或其同伴跺脚；
（10）在双打中，运动员没按发球者和接球者确定的顺序击球。

主题七　轮换发球法

如果一局比赛进行到 10 分钟仍未有结果（双方均已获得至少 9 分除外，或者在此之前任何时间应双方运动员要求），实行轮换发球法，有如下两种情况：

（1）当限制时，球仍处于比赛状态，裁判员应立即暂停比赛，被停回合的发球者发球，继续比赛。

（2）当限制时，球未处于比赛状态，应该由前一回合的接发球者发球，继续比赛。

此后，每个运动员都轮发一次球，直至该局结束。如果接发球方进行了 13 次合法还击，则判发球方失 1 分。

轮换发球法一经实行，该场比赛的剩余部分必须一直实行，直至该局结束。

主题八　胜负评定

在一局比赛中先得 11 分的一方为胜方，但打到 10 平以后，先多得 2 分者为胜方。一场比赛可以实行三局两胜制或者五局三胜制。

主题九　乒乓球课程考核标准

一、本课考核评价标准

1. 乒乓球考核项目

（1）发球：正手平击对方（右方斜线，左方直线）。
（2）攻球：正手攻球或者推挡球。
（3）比赛：班内教学比赛（甲 A、B、C）。

2. 考核方法和标准

（1）发球—正手发平击球。
方法：男生用正手发五个平击球交替落在对方球台左、右 1/4 区，如图 9—30

所示；女生用上述方法交替各发五个平击球落在对方球台左半区和右半区，如图9—31所示。

图9—30　男生发球球网

图9—31　女生发球

规则：按乒乓球运动竞赛规则执行发球飞行路线必须2个为直线，2个为斜线，否则其中2个按错区计分。球落在对方球台区线之间为落点有效球。

评分标准：发球落在规定的区域得分，上述得分之和为达标分，发球分占70%，技术评定分占30%，两者的分数之和为该项考试得分。

（2）正手近台攻球。

方法：陪考者用推挡或攻球将球回击到受测者正手区。受测者连续回击到对方球台的右1/4区。

评分标准：回击的球落点在规定的对方球台区者为有效得分，男生20个为及格，女生10个为及格，以后每球得2分，以此类推，直到满分（100分），正手攻球分占70%，技术评定分占30%，两者得分之和为该项考试得分。

（3）推挡球。

方法：陪考者用推挡或攻球将球回击到受测者正手区。受测者连续回击到对方球台的右1/4区。

评分标准：回击的球落点在规定的对方球台区者为有效得分，男生40个为及格，女生30个为及格，以后每个球为1分，以此类推，直到满分（100分），推挡球分占70%，技术评定分占30%，两者得分之和为该项考试得分。

3. 乒乓球选项课成绩评定

总评成绩＝考试成绩（50%）＋平时成绩（50%）

二、推荐网站

中国乒乓球协会官方网站，http：//www.ctta.com。

实践与探索

1. 乒乓球运动的基本步法有哪几种？

2. 乒乓球的平击发球技术要领是什么？

3. 搓攻战术的几种方式是什么？

第十章　羽毛球的运动

——教师寄语——

羽毛球运动对于普通人来说是一种游戏，只要天气允许，任何一块空地都可以进行此项活动。对于羽毛球爱好者来说，它又是一项对抗性很强的竞技运动。经常参加羽毛球运动可全面提高身体素质，因此，它深受中职学生的欢迎，是一项普及率极高、群众性极强的运动项目。

第一节　羽毛球运动概述

运动箴言

做一个好的球伴比找一个好的球伴重要。

羽毛球运动起源于1873年英格兰格拉斯哥郡的伯明顿庄园。当时，他们在香槟酒的软木瓶塞上插上鹅羽毛，用简易的球拍开始了这种游戏活动。后来，此游戏很快被英国人接受并流传开来。人们以伯明顿（badminton）这一地名为此项运动命名。1893年英国创立了羽毛球协会，1899年举行了第一届全英羽毛球锦标赛。此后，羽毛球运动逐渐风靡世界。

主题一　羽毛球运动的锻炼价值

（1）长期坚持羽毛球运动可发展学生的灵敏性和协调性，培养学生对这项运动的兴趣，提高体育文化素养。

（2）有利于加强上、下肢和腰部的肌肉力量，全面改善身体素质，预防现代文明病的出现。

（3）可培养积极乐观的生活态度，顽强拼搏、沉着果断的意志品质。

（4）长期坚持羽毛球运动，对慢性颈椎病和近视眼等有一定的改善和治疗作用。

主题二　发球

发球方和接球方站在中线为界的斜对角的场地上。发球员必须低手从腰部以下的位置发球，两脚都必须有一部分与球场接触。换发球时遵守从右发球区发球的顺序。另外，运动员在第一局、第二局之后和第三局任何一方比分达到 11 分时双方交换场地。

主题三　场地

羽毛球场的表面是一层有弹力的地板，通常为胶合板，再覆上一层聚乙烯或处理过的硬木条。场地表面用线标志出单双打的区域。羽毛球飞行速度快但距离短，所以场地紧凑，适合在空间有限的地点开展。

主题四　得分

将羽毛球击打过网，在对方拦截之前使其落在对方场地，或者对方在拦截时失误，得 1 分。

如果羽毛球触网，或从网底穿过，出界；球触及运动员或其衣服，球过网之前同方选手再次击球。以上两种情况都为失 1 分。

其他与羽毛球运动相关的知识如图 10—1 所示。

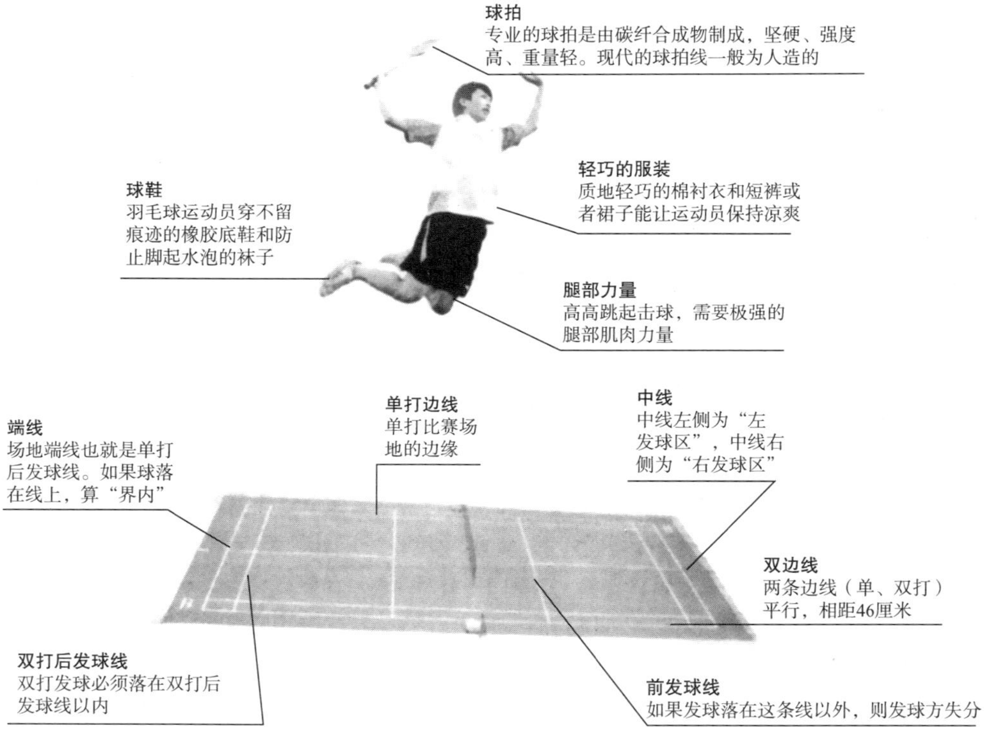

图 10—1　羽毛球概述示意图

☞小知识

羽毛球包括男、女单打，男、女双打及团体赛，运动员通过击打一个以羽毛等材料制成的圆锥形的球，使之飞过球网并在对手拦截之前让球落在对方的场地来得分。

第二节　如何打好羽毛球

运动箴言

对大多数羽毛球业余爱好者来说，打比赛和平时运动完全是两个不同的概念。在有超过 20 个观众观看的情况下，如果能发挥平时 70%以上的能力，这场比赛基本就赢了。

主题一　技术

一、握拍技术（右手为例）

握拍直接影响羽毛球技术的掌握和提高，在实战中要根据来球的位置和性质，灵活采用不同的握拍方法完成击球动作，以取得最好的击球效果。

常用的握拍方法有两种：正手握拍法和反手握拍法。

（1）正手握拍法。张开右手，让虎口对准拍柄斜棱的第二条棱线（见图 10—2）；拇指和食指成“V”字形（近似握手的方法），相对贴握在拍柄两侧的宽面上；中指、无名指和小指自然握住拍柄；五指与拍柄呈斜形，食指要高于拇指，掌心要留有空隙。

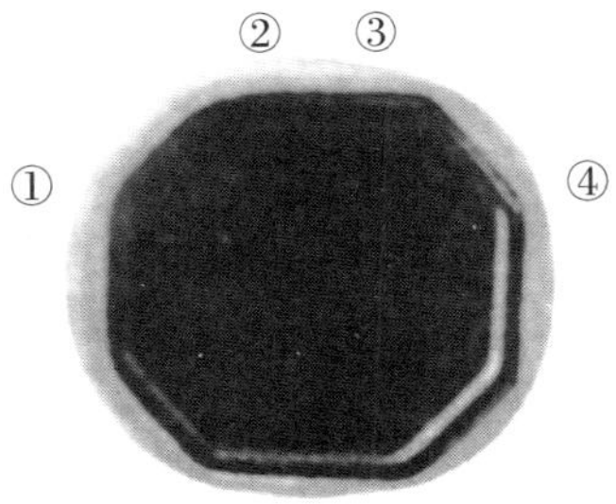

图 10—2　拍柄截面

注：①—④代表 4 条棱线。

（2）反手握拍法。在正手握拍的基础上，拇指和食指将拍柄向外顺时针转，拇指稍向上移，高于食指，拇指内侧顶贴在拍柄第一条斜棱左边的宽面上，掌心也要留有空隙。击球时一定要注意立腕，这样便于发力。

☞**小知识**

在比赛中，正、反手在瞬间转换是非常重要的。拇指和食指位置的变化是实现转换的关键，同时也要注意到球拍的转向。

二、发球与接发球技术

（一）发球

发球代表比赛的开始，其质量直接影响技术和战术的发挥，甚至会直接得分或失分。发球分为正手发球和反手发球。正、反手发球都可以根据需要发出不同弧度和不同速度的球，包括高远球（正手）、平高球、平射球和网前球，如图10—3所示。

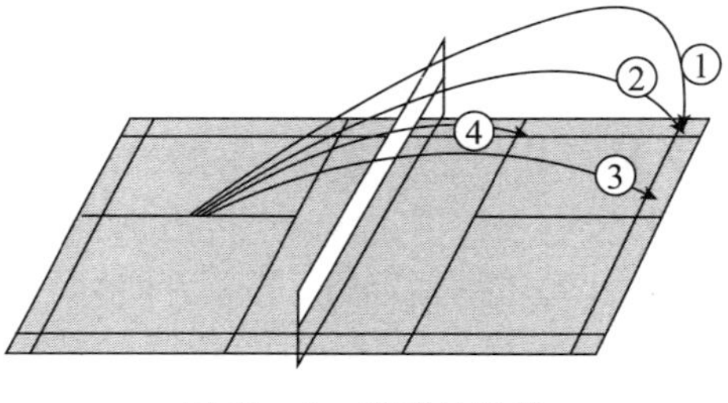

图10—3　发球的种类

①高远球；②平高球；③平射球；④网前球

正手发高远球、平高球、平射球和网前小球的技术动作基本一致（如图10—4所示），关键在于掌握击球点、拍面和击球力量。发后场高远球，即在正手位将球击出，要求又高又远，到达底线后几乎是垂直下落，给对方回击球造成较大的困难。发后场高远球的动作过程如图10—5所示。

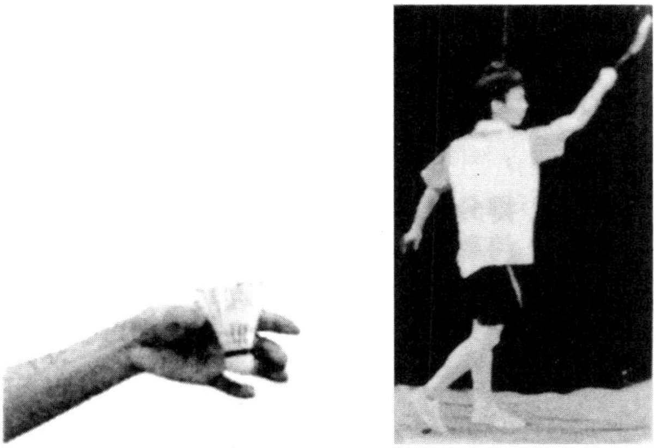

图 10—4　正手发球的姿势

①　②　③　④　⑤　⑥

①右手持拍，左手持球，重心放在右脚上

②～④右手向前引拍，右腿蹬转有力，右躯干带动右手经下向前挥拍击球，左手松手使球自然下落，才能抛球。击球时重心放在右腿上

⑤～⑥右臂内旋带动手腕向前闪动发力，拍面一定要对准出球方向。注意脚下不能向前移动，否则就违规

图 10—5　发后场高远球的动作过程

反手发球技术在双打中采用较多，特点是：动作小、速度快、变化多和隐蔽性好。

（二）接发球技术

成功的接发球可以后发制人，其决定因素是合理的准备姿势、准确的站位（如图 10—6 所示）和快速多变的接发球方法。

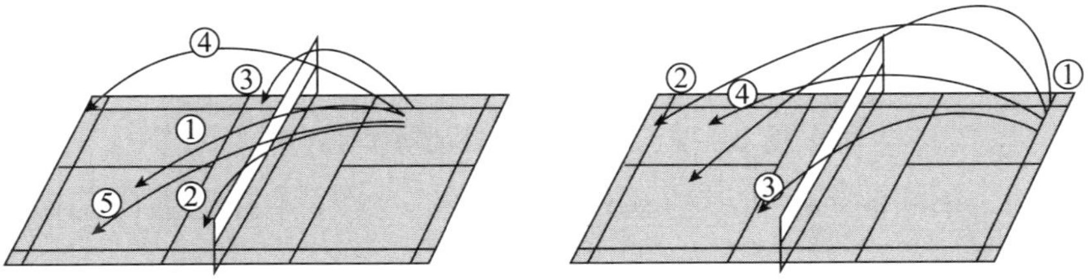

（1）接前场球的站位

①发前场小球；②勾对角；③搓（放）小球；④推后场球；⑤扑球

（2）接后场球的站位

①发后场高远球；②回后场球；③吊前场球；④杀球

图 10—6　接发球的站位

三、击球技术

（一）后场击球技术

后场击球由于球的位置不同，分为正手、头顶和反手位击球，而每一种击球均可打出直线和斜线两种球路。后场击球技术动作基本一致，关键是击球点和拍面的变化，可击出高远球、平高球、吊球和杀球等。如图 10—7 所示，同一个动作，在 A、B、C、D 四个位置可以分别击出高远球、平高球、吊球和杀球。

A　　B　　C　　D

图 10—7　后场击球技术动作

后场击高远球是后场击球技术的基础，学会打后场高远球后，改变击球点和拍面也就可以完成不同的击球技术。后场击高球的动作过程如图 10—8 所示。

①　②　③　④　⑤　⑥　⑦　⑧　⑨

①～④以左脚为轴，右脚蹬转侧身后撤一步，左肩侧对来球，右手向后引拍，注视来球

⑤～⑦右腿蹬地发力跳起，同时左右脚交换带动上肢快速转体，翻肩顶肘向上挥拍，前臂快速内旋带动手腕闪动发力，在最高点完成击球

⑧⑨左脚积极落地，并主动发力将重心快速转移到右脚，击球后球拍随惯性置于身体左侧

图 10—8　后场击高远球的动作过程

高、吊、杀准备动作和引拍动作必须一致，这样才有更强的隐蔽性和攻击性。

（二）中场击球技术

中场击球技术主要包括平抽快挡和接杀球两种技术。

1. 平抽快挡技术

抽、挡技术基本相同，挡球不发力，快速将球挡过网即可，而抽球动作幅度较大，力量较强。该技术是双打比赛中争夺主动权的一项常用技术。注意：这项技术要求准备姿势时球拍一定要置于肩上，击球后应迅速收拍，做好回击下个来球的准备。

正手抽球技术的动作过程和反手抽球的动作过程如图 10—9、图 10—10 所示。要求：判断反应快、出手击球快、动作幅度小及攻防转化意识强。

① ② ③ ④ ⑤ ⑥ ⑦ ⑧

①正手抽球预先准备　②出脚，做好击球准备，右肩在后　③④摆臂外旋　⑤肘关节展开，内旋　⑥击球点与肩平行　⑦⑧回到中心位置

图 10—9　正手抽球技术的动作过程

① ② ③ ④ ⑤ ⑥ ⑦ ⑧ ⑨

①反手抽球预先准备，反身向左　②③出脚，准备击球，反手握拍　④⑤摆动，内旋　⑥⑦展开肘关节，外旋　⑧击球点与肩持平，位于体前　⑨停止，迅速回到中心位置

图 10—10　反手抽球技术的动作过程

2. 接杀球技术

中场接杀球技术可分为接杀网前球、勾对角球、挑后场球等，每一种技术均可用正手和反手击球。接杀球技术的站位如图 10—11 所示。

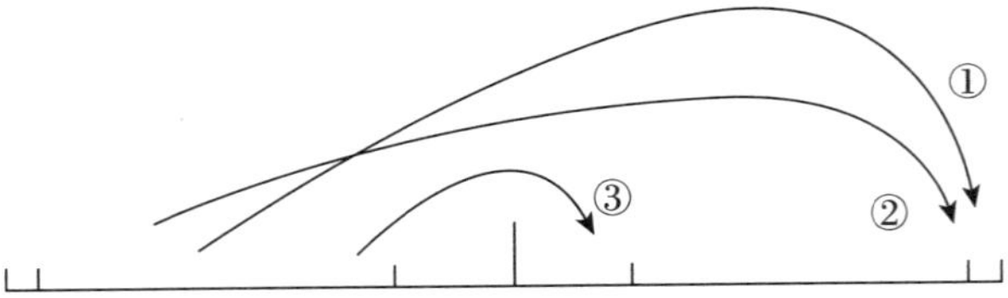

①接杀挑后场高远球；②接杀抽后场球；③接杀放网前小球及勾对角球。

图 10—11　接杀球技术的站位

（三）前场击球技术

前场击球技术包括网前搓或放小球、网前推后场球、网前勾对角小球、网前扑球和网前挑后场球。每一种技术均可用正手和反手击球。相比后场击球技术，前场击球技术要求手法更灵活、更细腻。下面重点介绍网前搓球和网前挑球的技术。

1. 网前搓球技术

网前搓球技术的动作过程如图 10—12 所示，快速上网，在高点用手腕和手指捻动球拍包切球的木托，使球在摩擦力的作用下翻转过网，增加对方的接球难度。

①　②　③　④　⑤　⑥

图 10—12　网前搓球技术的动作过程

小知识

小技巧

在强有力压后场球之后，再配合网前的搓、放、勾、推，可以说对方是难以对付的。

关键点

同样的动作可以放网前小球、勾对角或推后场。在击球的一瞬间，观察对手的位置和意图，巧妙地选择网前搓球方式，这样才能置对方于死地。

2. 网前挑球技术

正、反手挑后场高远球是一种过渡打法，尽量将球回到对方的底线附近，目的是摆脱被动状态，有较充足的时间回到中间位置，做好反击的准备。正、反手挑后场高远球的动作过程如图 10—13、图 10—14 所示。

① ② ③ ④ ⑤ ⑥ ⑦ ⑧

图 10—13 正手挑后场高远球的动作过程

① ② ③ ④ ⑤ ⑥ ⑦ ⑧ ⑨

图 10—14 反手挑后场高远球的动作过程

四、基本步法

在羽毛球实战中，准确地判断、快速地启动和移动、击球之后的回动构成羽毛球的基本步法。羽毛球的击球步法有蹬步、跨步、垫步、蹬跨步、蹬转步、交叉步、并步、小碎步、腾跳步等几种移动方式，构成前场上网步法、后场后退步法和中场左右移动步法。发球或接发球之后，应迅速回到中心位置站好。切记：开始移动的准备姿势是右脚在前约半脚，重心基本也放在右脚的前脚掌上，脚跟提起，眼睛注视对方。

（一）上网步法

1. 正手上网步法

正手上网步法有三种方式，如图 10—15 所示。

2. 反手上网步法

常用反手上网步法有两种方式，如图 10—16 所示。

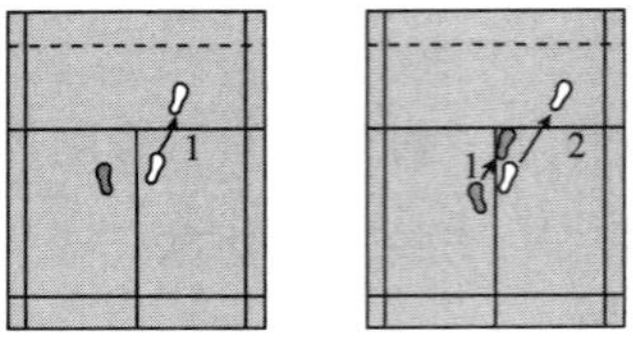

正手一步蹬跨步上网　正手前交叉上网　正手后交叉上网

图 10—15　正手上网步法

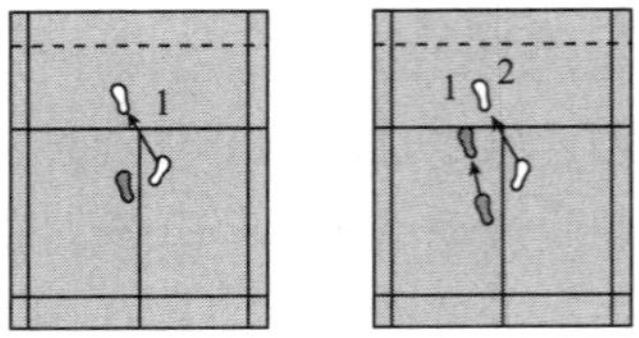

反手一步蹬跨步上网　反手前交叉步上网

图 10—16　反手上网步法

如果侧身蹬转一步能完成击球动作，即可直接击球，否则就必须按照图 10—15、图 10—16 的步法快速移动身体到达后场。不能用身体的后倒代替步法，这样是很被动的。

（二）后场后退步法

正手位置的后场后退步法，如图 10—17 所示。

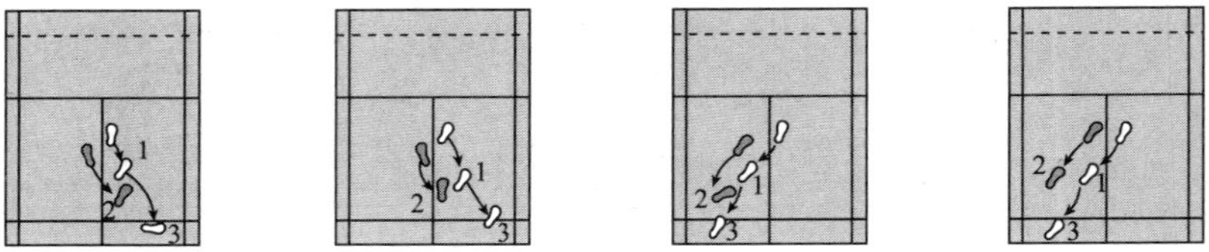

后场交叉步后退　后场并步后退　头顶位交叉步后退　头顶位并步后退

图 10—17　正手位置的后场后退步法

主题二　练习方法

一、练习击球技术

（一）挥空拍练习

挥空拍练习的方法如图 10—18 所示，一般 20～30 次一组，每次练习 3～5 组。这是快速掌握每项击球技术和步法的最有效的途径，在训练中常采用。

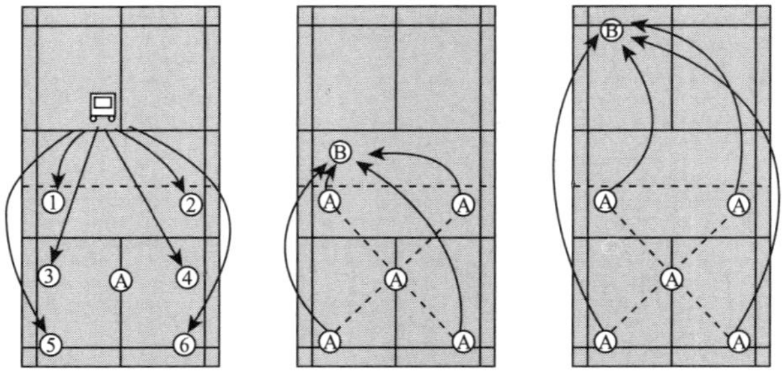

任意回球　打向前场一点　打向后场一点

图 10—18　挥空拍练习的方法

（二）击固定球练习

学习初期，动作掌握不熟练，有时甚至要做分解动作，采用击固定球练习有利于掌握击球技术，比挥空拍练习更有成就感，且更容易纠正错误动作，可取得较好的效果。

（三）多球练习

老师或者同学将球从发球的位置发到对方场地的六点上，练习者（A）将球回击到规定的位置（B）上。多球练习可以在较短时间内，使同学们的击球技术和步法大大提高。练习的方式老师可以根据要求自行设计。

（四）固定球路练习

随着击球的能力渐渐提高，可以选择固定球路的练习：一点对一点的底线（对角线）对拉高远球练习、一点对两点（高吊球路）练习、一点对多点练习，练习方法如图 10—19 所示。

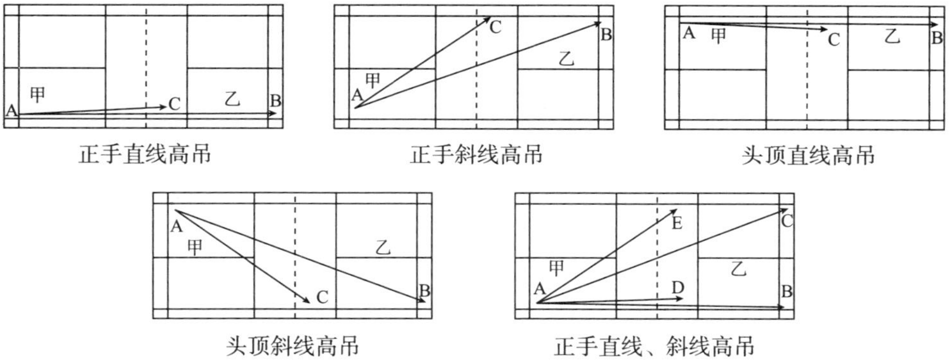

图 10—19　固定球路的练习方法

二、培养场上的快速移动能力

（一）全场六点步法练习

同学们可以带着打球的意识，想象对方出球的落点，在场上的六点不固定地跑动（如图 10—20 所示），同时完成击球动作。这样可以快速、熟练掌握击球技术和步法。

（二）全场受控步法练习

练习者可以在老师和同学的手势指挥下进行跑动，也可以通过多球不断完善击球技术和步法。陪练可以依据练习者新的能力，选择适当的速度把球发到场上的六个方位，要求练习者准确判断、快速移动并完成击球。

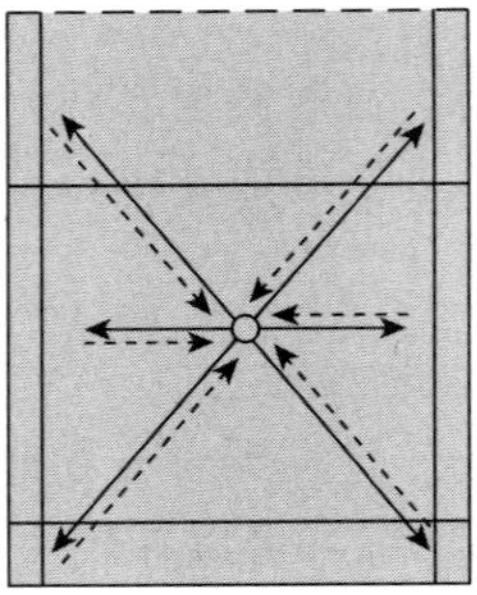

图 10—20　全场六点步法练习

三、专项身体素质的练习

专项的身体素质练习在羽毛球运动中的重要性是不言而喻的，但是对于我们一般人来说进行专业训练是不现实的，下面介绍几种简单易行的锻炼方法。

（1）直线进退练习（要求向前摸球网，向后摸到底线）、左右移动步法练习（两边都必须触及单打边线）。

（2）跳绳：最好能够练习双摇跳。

（3）用球拍练习各种击球动作。

（4）持拍练习步法和击球。

（5）1 分钟快速仰卧起坐。

第三节　比赛如何获胜

运动箴言

高远球是这项运动的基础和精华。

在羽毛球实战中，技术是基础，身体素质是保证，战术的运用是关键。在瞬息万变的比赛场上，运动员能否充分地发挥自己的技术，根据自身条件和特点，针对不同的对手做出相应的变化，以己之长攻彼之短，把握比赛的主动权，最终赢得比赛的胜利，战术的运用和变化是非常重要的。因此，学习实用的战术是非常必要的。

主题一　单打战术

一、发球抢攻战术

此战术是根据对方的站位、反击能力和当时对手的思想状态等因素，有意识地通过多变的发球，争取场上的主动，为自己创造进攻的机会。

二、压后场（反手）战术

此战术是通过高球、平高球、推球和抽球等技术反复地将球死死地压在对方的底线附近，特别是对方的反手后场区域，使对方处于被动，回球质量下降，然后抓住机会攻其前场空当。

三、下压进攻控制网前的战术

此战术是以快速、凶猛的进攻，在速度、力量上将对方控制在网前，再配合平高球突击对方底线，创造中场的进攻机会，全力发起进攻。这种战术对付个头高大、步法移动迟缓、网前出手慢、接下手球比较吃力的对手较为有效。

四、打四方球战术

此战术对付步法慢、技术不全面、体力差、情绪易急躁的对手较为有效。要求击球时落点角度大，线路变化多。

主题二　双打战术

一、二打一（攻人）战术

如果发现对方其中一人技术或心理上较弱，出现失误比较多，防守时球路比较单调，这时就可以集中力量“打他”。

二、攻中路战术

对方左右站位时，力争把球打在两人之间的结合处，以便造成对方两人抢接或让球，彼此不协调，这样有效地限制对方挑出大角度的球路，为自己创造网前的封网机会。

三、后攻前封战术

后场一人见高球就大力扣杀创造机会，前场另外一人扑球、搓球、勾球、推球控制网前，或拦吊、扑杀封住前半场，使整个攻防连贯而又有节奏地变化。

小知识

赢球的法宝

对方步法快、手法好，可多出重复线路。

对方上网快、后退慢，可控制网前推后场两点。

对于侧身转体差的选手，可多出同侧前、后场球调动对手。

对于步法慢的对手，可采用快速拉前、后场大对角线路。

☞**知识链接**

我国男子双打选手傅海峰创下的羽毛球的最快球速是332千米/小时，远远高于网球的速度。

第四节　羽毛球规则简介及课程考核标准

运动箴言

赛场如战场，狭路相逢，勇者胜。

主题一　羽毛球基本规则

（1）球场所有线的宽度标记均包括在所画的尺寸内，所有场地都是它所确定区域的组成部分。比赛中球被打在球场的端线或边线上，落在线上的球应判为界内球。

（2）双打比赛以2名运动员为一方，单打比赛以1名运动员为一方。

（3）在羽毛球比赛中，有发球权的一方叫发球方，接发球的一方叫接球方。

（4）比赛前，双方队员选择发球权、接发球权或场区，采用掷挑边器的方法。比赛前，裁判员给双方运动员掷挑边器，选对边的一方将在发球或接发球，一个场区或另一个场区中做出选择；另一方在余下的一项中做出选择。

主题二　羽毛球比赛计分方法

一、单打

（1）每场比赛采取三局两胜制；

（2）率先得到21分的一方赢得当局比赛；

（3）如果双方比分打成20比20，获胜一方需超过对手2分才算取胜；

（4）如果双方比分打成29比29，则率先得到第30分的一方取胜；

（5）首局获胜一方在接下来的一局比赛中率先发球；

（6）当一方在比赛中得到11分后，双方队员将休息1分钟；

（7）两局比赛之间的休息时间为2分钟。

二、21分制双打新规则

以A和B对C和D的双打比赛为例进行说明，如图10—21、图10—22所示。A 和 B 赢了挑边并选择了发球。A 发球 C 接发球。A 为首先发球员，而 C 则为首先接发球员。

（1）0—0 从右发球区 A 发球，C 接发球。

（2）A 和 B 得 1 分，A 和 B 交换发球区，A 从左发球区再次发球，C 和 D 在原发球区接发球，1—0 从左发球区 A 发球，D 接发球。

（3）C 和 D 得 1 分，并获得发球权。两人均不改变各自原发球区，1—1 从左发球区 D 发球，A 接发球。

（4）A 和 B 得 1 分，并获得发球权。两人均不改变各自原发球区，2—1 从右发球区 B 发球，C 接球。

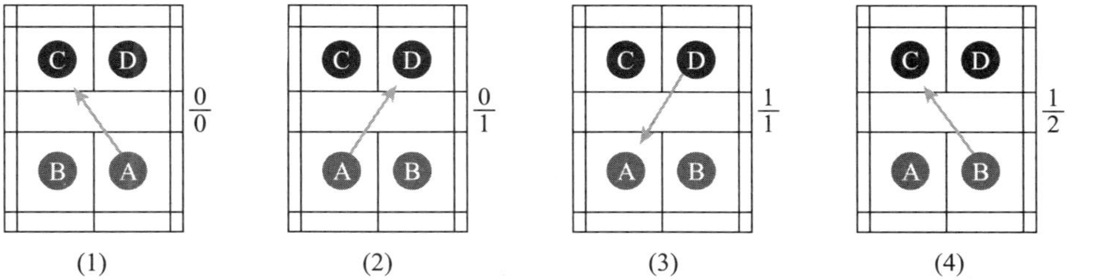

图 10—21　双打新规则示意图（1）

（5）C 和 D 得 1 分，并获得发球权。两人均不改变各自原发球区，2—2 从右发球区 C 发球，B 接发球。

（6）C 和 D 得 1 分，C 和 D 交换发球区。C 从左发球区发球，A 和 B 不改变其各自原发球区。2—3 从左发球区 C 发球，A 接发球。

（7）A 和 B 得 1 分，并获得发球权。两人均不改变各自原发球区，3—3 从左发球区 A 发球，C 接发球。

（8）A 和 B 得 1 分，A 和 B 交换发球区。A 从左发球区再次发球，C 和 D 不改变各自原发球区，4—3 从右发球区 A 发球，D 接发球。

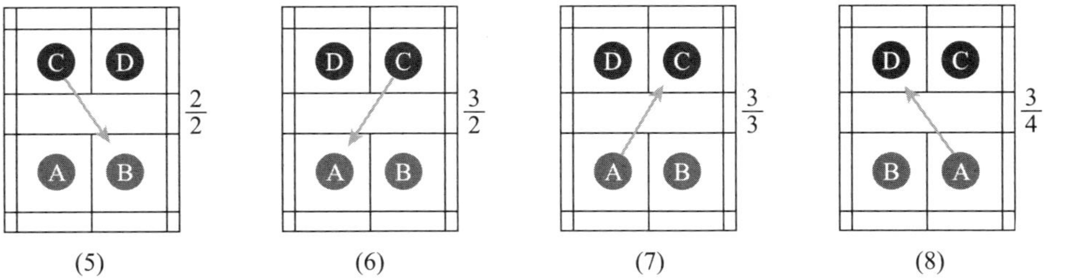

图 10—22　双打新规则示意图（2）

主题三　羽毛球课程学习目标及考核标准

一、本课考核评价标准

（一）发高远球

考试方法——受测者分别站在左（或右）发球区各发五个球。

评分标准——教师根据学生五个发球的情况，从身体动作是否规范、全身发力是否协调集中（爆发力）、出球的高度远度三个方面评分。

（二）后场回高远球

考试方法——受测者分别站在左（或右）场区用高远球回击陪考者发过来的后场高远球。在后场站位，用右脚在前的一般准备姿势准备。

评分标准——教师根据学生五个回球的情况，从身体动作是否规范，动作过程是否符合技术标准，回球的高度、远度三个方面评分。

（三）学生羽毛球选修课成绩的评定

第一学期：

总评＝羽毛球考试成绩（发高远球）×50%＋平时成绩×50%。

第二学期：

总评＝羽毛球考试成绩（后场回高远球）×50%＋平时成绩×50%。

二、推荐网站

（1）中国羽毛球网，http：//www. chinabadminton. com。

（2）羽毛球迷网，http：//www. badmintonfan. com。

（3）中羽在线社区，http：//bbs. badmintoncn. com。

（4）中国大学生体育协会羽毛球分会官方中文网，http：//www. bfusc. org. cn。

（5）中国羽毛球协会官方网站，http：//badminton. sport. org. cn。

实践与探究

1. 简述羽毛球的主要锻炼价值。

2. 羽毛球运动中反手发球技术特点是什么？

3. 平抽快挡技术的要求是什么？

第十一章　毽球·跳绳·呼啦圈

——教师寄语——

毽球、跳绳、呼啦圈是大多数同学都接触过的活动。其中，毽球运动与踢毽子有相似之处，能发展弹跳能力；跳绳和呼啦圈趣味性强，能够使学生在愉悦中得到锻炼。这是三种非常适合中职学生锻炼的运动项目。

第一节　毽球

运动箴言

要记住一件事情：锻炼大脑从脚上开始。

主题一　毽球运动概述

踢毽子在我国流传很广，是一项有着悠久历史的民族体育活动。踢毽子起源于我国汉代，盛行于六朝、隋、唐。至清末，踢毽子已达到鼎盛时期，参加的人越来越多，不仅用来锻炼身体，当做养生之道，而且把踢毽子和书画、下棋、放风筝、养花鸟、唱二黄等并提，一些人以会踢毽子为荣。因此，踢毽子的活动非常广泛，特别是青少年参加者更为普遍，当时就有这样的童谣："一个毽儿，踢两半儿，打花鼓，绕花线儿，里踢外拐，八仙过海，九十九，一百。"说明踢毽子在当时已经到了相当普及的程度。

新中国成立后，我国第一次正式踢毽子比赛是由原广州市体委于 1956 年举办的，并制定了简单的规则。1984 年，我国首次举办全国毽球锦标赛，此后每年举办一届。

民间踢毽爱好者更是用功苦练，以口传身授的方法代代相传。经常进行毽球运动，能发展弹跳力、速度、灵敏度、耐力等身体素质，提高人体中枢神经系统和内脏各器官的功能，增强体质，培养勇敢顽强、机智灵敏、遵守纪律和团结友爱的集体主义精神。

主题二　毽球主要技术和四种踢法

一、毽球的主要技术

毽球的主要技术有脚内侧踢球、脚外侧踢球、脚背踢球、大腿触踢、胸部触踢、头部触踢、腹部触踢等，如图 11—1 所示。

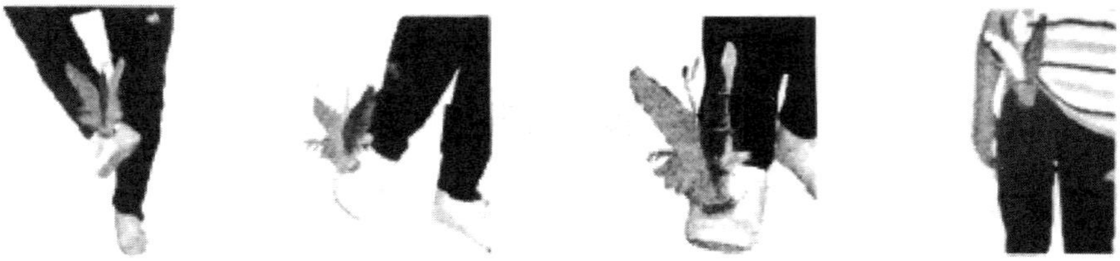

脚内侧踢球　　脚外侧踢球　　脚背踢球　　大腿触踢

胸部触踢　　头部触踢　　腹部触踢

图 11—1　毽球的主要技术示意图

二、发球

发球是比赛的开始，又是一项进攻技术，发球的时候可以采用盯人、找空、压后、吊前等手段发出各种战术球，以达到破坏对方组织进攻或直接得分的目的。常用的发球技术有以下三种：

（1）脚内侧发球：要抬大腿带小腿，用内足弓部位向前上方送髓推踢。其特点是既快又准，破坏性强。

（2）脚正背发球：绷脚尖，用正脚背向前上方发力挑踢。它的特点是平、快、准。

（3）脚外侧发球：稍侧身站位，绷脚尖，用脚外侧发力扫踢。其发球的特点是既快又狠，攻击力强。

三、毽球拦网技术

拦网是毽球防守中非常重要的技术，是守方的第一道防线，是攻防转换的关键。拦踏球（见图 11—2）跳起要晚，拦倒挂球跳起要早，远网球跳得要更晚些。拦网绝对不能闭眼，起跳不要过于用力，要根据对手的攻击力情况选择拦网的距网距离。

图 11—2　踏球

主题三　花毽四种踢法

花毽的四种踢法分别是：盘踢、磕踢、拐踢、绷踢，如图 11—3 所示。

练习方法：练习时可采用盘踢的一踢一接的练习方法，但在开始练习时要踢得低一些，一般不超过腰部，再低一些更好，这样能踢的次数多一些。为了避免动作出现错误，练习时可面向墙壁或树木，距离约与身体同宽，如练习时踢毽脚碰到了墙或树木，便是错误动作，原因是膝关节没有放松，大腿抬得过高。

盘踢　　磕踢　　拐踢　　绷踢

图 11—3　花毽的四种踢法示意图

主题四　毽球比赛规则简介

一、比赛队员的组成

比赛队由 5 人组成，上场队员 3 人，其中队长 1 人（左臂应佩带明显标志）。

二、队员的场上位置

（1）双方队员必须站在本方场区内。站在靠近球网的两名队员从左至右分别为 3 号位和 2 号位队员，靠近端线的队员为 1 号队员，如图 11—4 所示。场上队员的位置必须与登记的轮转顺序相符合。

（2）发球的位置：

发球的一方，2、3 号位的队员在发球队员的前方，彼此间相距不得少于两米。球发出后，双方队员可以在本方场区内任意交换位置。

（3）每局比赛结束之前，队员的轮转顺序不得调换。

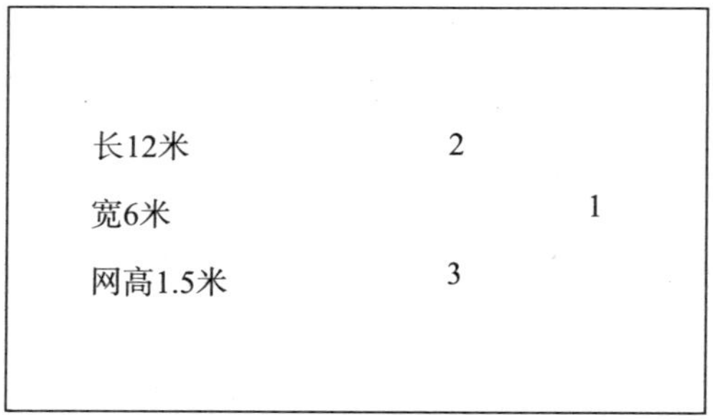

图 11—4　毽球场地及队员的位置示意图

三、教练员和队长

（1）比赛成死球时，教练员和队长有权要求暂停或换人。在暂停时间内，教练员可以进行场外指导，但不得进入场区。

（2）比赛进行中，场上队长有权向裁判提出询问或要求解释，但必须服从裁判的最终决定。

四、比赛局数和场区选择

（1）比赛采用三局两胜制，第三局采取每球得分制。

（2）比赛前选择场区或发球权，第一局结束后双方交换场地和发球权。

（3）决胜局开始前，正裁判员召集双方队长重新选择场区或发球权。决胜局比赛中，任何一队先得 8 分时两队应交换场地。交换时，不得进行场外指导。交换场区后，双方队员的轮转位置不得变换。经记录员查对后，由原发球队员继续发球。如未及时交换场区，一旦裁判员或一方队长发现时，应立即交换，比分不变。

五、暂停

（1）比赛成死球时，教练员或队长可以向裁判员要求暂停。

（2）暂停时，教练员可以在场地外进行指导，但场上队员不得出场，也不得与场外其他任何人接触，场外人员不得进入场内。

（3）每局比赛中，每队可以要求两次暂停，每次暂停时间不得超过 30 秒钟。某队在一局中请求三次暂停，应判该队失发球权或对方得 1 分。

六、换人

（1）在比赛成死球时，教练员或队长可以向裁判员要求换人。换人时，场外人员不得向队员进行指导，场内队员不得离开场地。

（2）每队在每一局比赛中换人不得超过 3 人次。

（3）比赛中因故被取消比赛资格的队员，不能继续参加该场比赛，可由替补队员替换。如该队在该局已换人 3 人次，或场外无人替换时，则判为负局。

七、发球

（一）发球方法

发球队员须站在本方发球区内，用手持球，将球抛起，用脚踢向对方场区，使比赛进行。发球队员必须在发球区内发球，在球发出后才能进入场区。发球时 2、3 号队员不得有任何掩护动作，否则，判由对方发球。

（二）发球失误

发生下列情况之一时，即判为发球失误：

（1）队员发球时，踏及端线或发球区线及其延长线；

（2）球过网、触网或触及标志杆；

（3）球从网下穿过；

（4）球从标志杆及其延长高度以外过网；

（5）球触及任何障碍物，或在进入对方场区前触及本队队员；

（6）球落在界外；

（7）发球延误时间超过 5 秒钟；

（8）裁判员鸣哨后球坠落在地上。

当发球队失误时，应判失发球权，由对方发球。

（三）重发球

发生下列情况之一时，须重发球：

（1）在比赛进行中，球挂在网上（最后一次击球挂网除外）；

（2）在比赛进行中，毽毛和毽垫在飞行时脱离；

（3）在裁判员鸣哨之前发球；

（4）在比赛进行中，其他人或物品进入场区。

（四）发球次序错误

当球发出后，裁判员发现发球次序错误，则判该队失发球权，并恢复正确位置。如犯规队已得分，应取消因该次发球次序错误所得的分数。

第二节　跳绳

运动箴言

身体虚弱，它将永远不会培养出有活力的灵魂和智慧。

主题一　认识跳绳运动

跳绳是借助绳的旋转并按绳重复回旋的节奏不停跳跃的运动。跳绳运动花样繁多，按照绳的长度可分为跳短绳和跳长绳；按照参加人数，可分为单人跳、多人跳；按照绳的数量可分为跳单绳、双绳、多绳等。由于跳绳运动具有不受季节、场地、人数、年龄、空间与时间制约的特性，因此跳绳运动成为一项开展广泛并深受各年龄人群喜爱的休闲体育活动。下面介绍具体的实践方法，供同学们在练习中选用。

主题二　短绳

跳短绳分单人跳、双人跳、三人跳或多人跳。

一、单人跳法

（1）正摇双脚跳：绳子每回旋一次，双脚同时跳过绳，如图 11—5 所示。

（2）正摇双脚交换跳：绳子每回旋一次，双脚依次交换跳过绳，如图 11—6 所示。

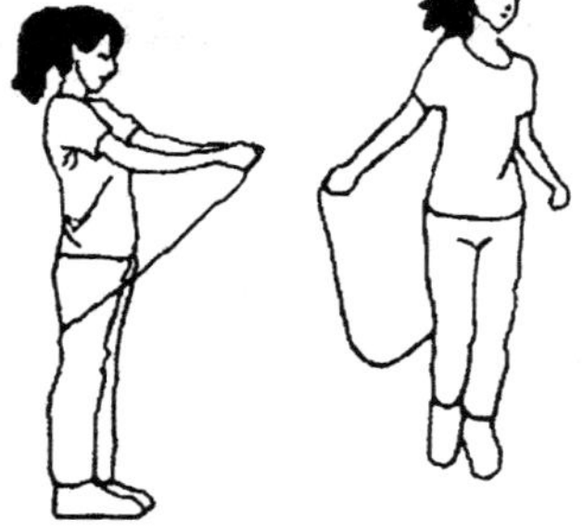

图 11—5　正摇双脚跳

图 11—6　正摇双脚交换跳

（3）跑跳：跳跃运动是在跑动中完成的，如图 11—7 所示。

（4）高抬腿跳：在跳跃的过程中两腿依次高抬过绳，可在原地完成，如图

11—8 所示。

图 11—7　跑跳

图 11—8　高抬腿跳

（5）前、后踢腿跳：两脚依次跳过绳后向前或向后做踢腿动作，如图 11—9 所示。

图 11—9　前、后踢腿跳

（6）活编花跳：当绳摇至体前时，两臂在体前迅速交叉，身体从交叉的绳中跳过，如图 11—10 所示。

图 11—10　活编花跳

（7）固定编花跳：两臂在体前保持交叉摇绳的动作不变，身体从交叉的绳中连续跳过，如图 11—11 所示。

（8）正摇双摇跳：当绳摇至脚下触地瞬间，双脚立即起跳，双手连续摇绳，待绳在脚下通过两次后，双脚同时落地，如图 11—12 所示。正摇双摇跳动作熟练后，可以尝试反摇双摇跳，正、反双摇单脚跳，正、反双摇交换跳。

图 11—11　固定编花跳

图 11—12　正摇双摇跳

二、双人跳法

（1）原地一带一单摇跳绳：带人的伙伴手持跳绳，当绳摇至脚下触及地面的瞬间，两脚立即起跳。被带人可站在持绳伙伴的前、后、侧面，可以同向站立，也可以异向站立，持绳人可以正摇绳，也可以反摇绳，如图 11—13 所示。

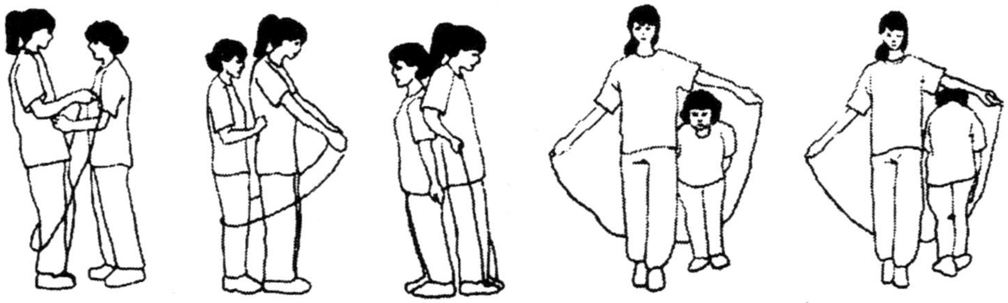

图 11—13　原地一带一单摇跳绳

（2）跑进一带一单摇跳绳：一人连续摇跳，另一人尝试从不同角度跑进，与持绳人同跳，如图 11—14 所示。

（3）一人辅摇一人跳：两人同向站立，用同侧手握绳，如图 11—15 所示。

跳绳人单手摇跳，另一人辅助摇绳，当跳绳者跳完最后一次跳后迅速转体 90 度，同时辅助摇绳者也随之转体 90 度。此时，原跳绳者变为辅摇绳者，而原辅摇绳者变为跳绳者。

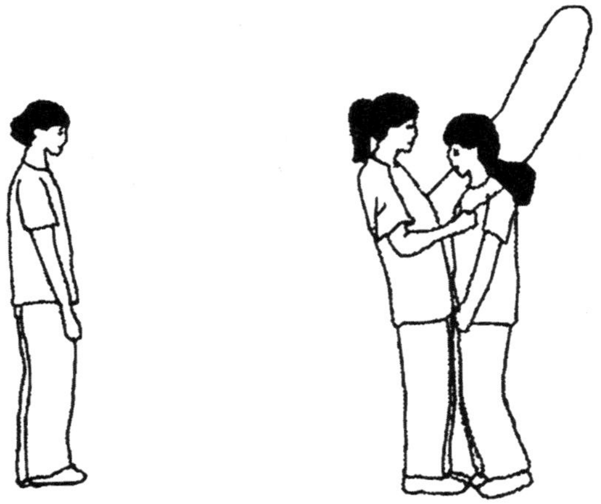

图 11—14　跑进一带一单摇跳绳

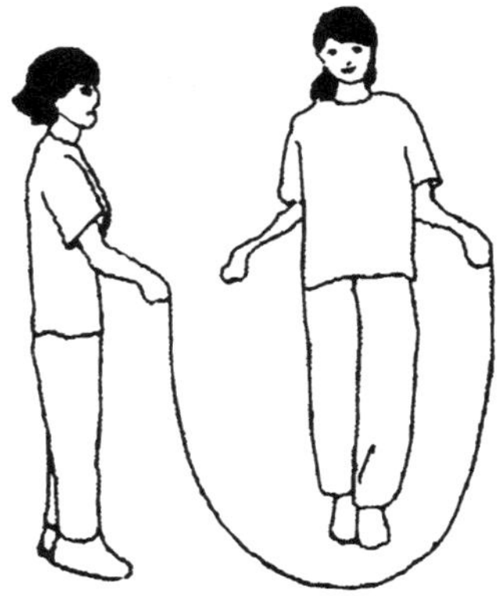

图 11—15　一人辅摇一人跳

（4）双人外手摇绳单摇跳：两人分别用外侧手握住绳的两端，当绳摇至脚下时，两人同时跳起过绳，如图 11—16 所示。两人可尝试双人同向、异向正摇单摇跳，双人反摇单摇跳。

（5）两人双绳交替跳：两人同向并排站立，分别用外侧手握跳绳的一端，内侧手握同伴跳绳的另一端，交替摇绳跳过，如图 11—17 所示。

图 11—16　双人外手摇绳单摇跳

图 11—17　两人双绳交替跳

三、三人或多人跳法

（1）正摇一带二跳：一人持绳，被带人可在持绳人的身前、身后或一前一后，用正摇跳的方法，三人一起跳绳。动作熟练后，被带人可尝试跑进练习，如图 11—18 所示。

图 11—18　正摇一带二跳

（2）原地一人带多人齐跳：受带人站在持绳人的体前和体后，用正摇跳的方法，多人一齐跳绳，如图 11—19 所示。

（3）双人摇绳带人跳：二人并立，均用外侧手分别握同一条绳子的一端，被带者站于两人前或后，三人协同配合一跳绳，如图 11—20 所示。

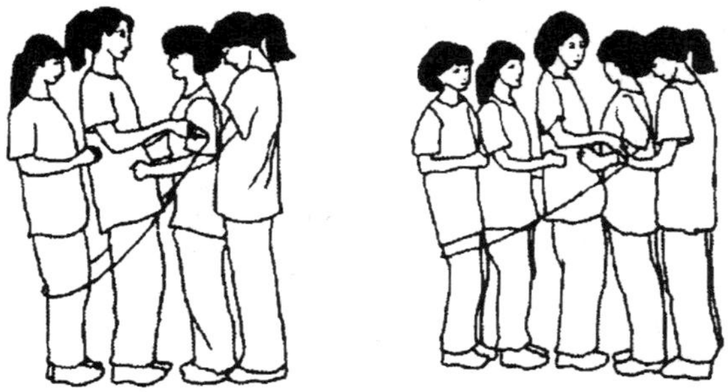

图 11—19　原地一人带多人齐跳

图 11—20　双人摇绳带人跳

主题三　跳长绳

一、“8”字穿梭跳正绳

当绳摇转向跳绳人时，绳是从上向下转的，称为正绳，如图 11—21 所示。跳绳人按“8”字路线，围绕两个摇绳人连续跑上、跳下、跑出。当绳打地并摇至远离跳绳者一侧时，跳绳者从摇绳者一侧快步跑到两个摇绳者中间。当绳摇转到脚下时，跳起让绳通过。

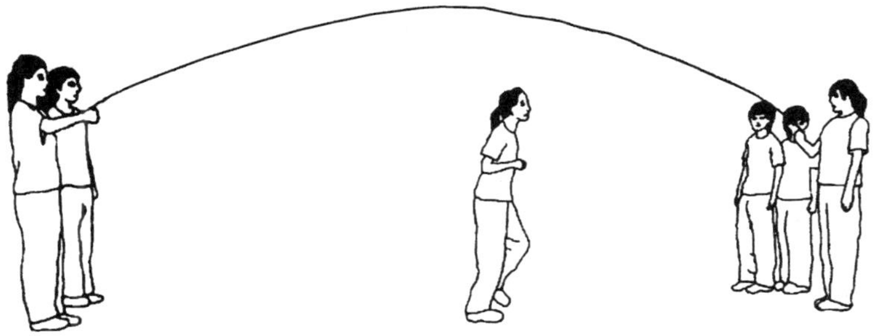

图 11—21 “8”字穿梭跳正绳

二、“8”字穿梭跳反绳

当绳摇转向跳绳人时，是从下向上摇转的，称为反绳，如图 11—22 所示。当绳从面部向上摇转时，跳绳者开始上绳。待绳落到脚下时，跳起让绳通过。

图 11—22 “8”字穿梭跳反绳

三、跳超级长绳

将绳子加长到 15 米以上，20～30 个跳绳人原地站成几排（或逐渐增加人数），称为跳超级长绳，如图 11—23 所示。开始摇绳时，先由摇绳人发出信号，当绳快转至脚下时众人齐跳。

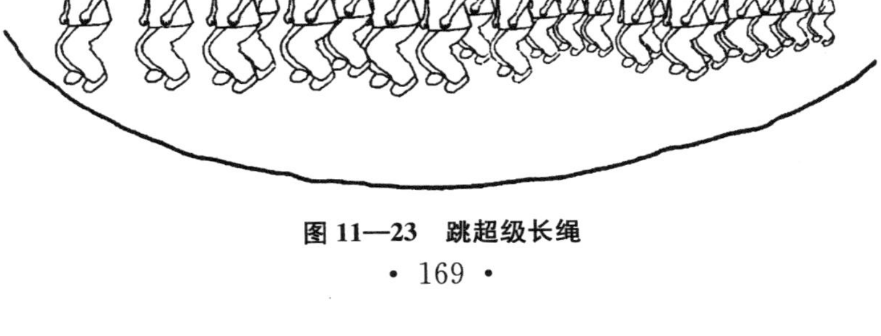

图 11—23 跳超级长绳

主题四　跳花绳

一、跳交叉摇双长绳

（1）摇绳方法：两名摇绳者左手先按顺时针方向摇绳，当这条绳转至最高点时，右手按逆时针方向再摇另一条绳，如图 11—24 所示。这样，一条绳摇至最高点，另一条绳恰好摇至最低点，如此两绳一上一下地交错转动。

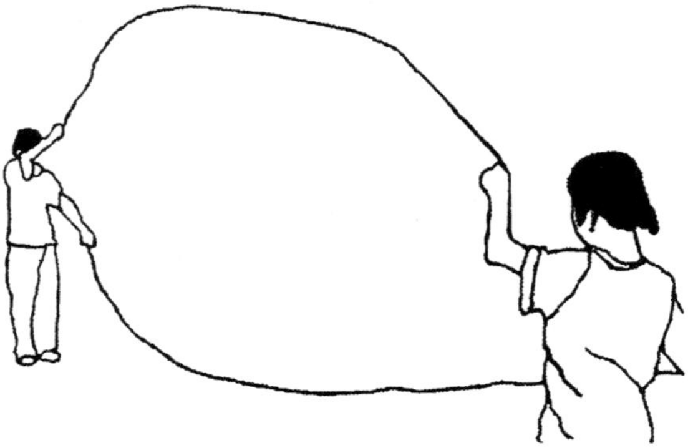

图 11—24　摇绳方法

（2）跳绳方法：跳绳人在摇绳人左前方，靠近绳转区的位置准备上绳。上绳时只需观察离自己近的这条绳，不用考虑另一条绳。因为另一条绳正好离自己远去。第一跳，跳近绳；第二跳，跳远端转下来的绳；第三跳，仍是第一跳跳的那条绳。如此反复。

（3）下绳（跑出）方法：下绳的方法如同上绳一样，也应以一条绳为目标，如跳绳次数为单数，可按上绳方向跑出；如跳绳次数为双数，则可从上绳的同侧方向跑出。

二、跳长绳耍球

摇绳人匀速慢摇绳，跳绳人持球（篮球、排球、足球等）上绳，如图 11—25 所示。边跳绳边连续拍球，或脚落地时向上扔球，跳起后在空中接球。可高抛球，也可低抛球，还可以边跳绳边用双手将球在腰部绕环。

三、跳长绳触脚跳

跳绳人在跳长绳的同时，向上跳起，双手触双脚，如图 11—26 所示，要求直腿、直臂，连续跳起。

图 11—25　跳长绳耍球

图 11—26　跳长绳触脚跳

四、跳平行绳

两个摇绳人双手各握两条长绳的一端，匀速摇绳，两绳都要碰地。跳绳人上绳，每次跳起，两绳要同时通过脚下。动作熟练后，可尝试同跳三条绳或四条绳。如图 11—27 所示。

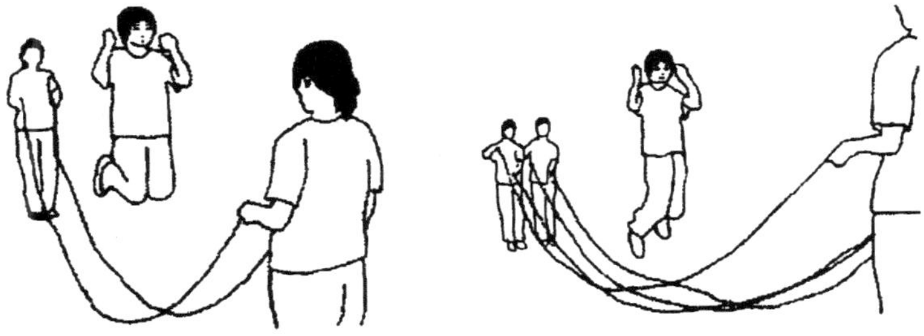

图 11—27　跳平行绳

五、跳十字绳

(1) 摇绳方法：四人摇两条绳，使两条绳交叉成“十”字，如图 11—28 所示。注意四人同时摇正绳，上边的那条绳要比下边的那条绳摇的高些，但两条绳都要同时落地。要保证两条绳同时起落，摇速要慢，以一条绳为准，这样就能把握好节奏。

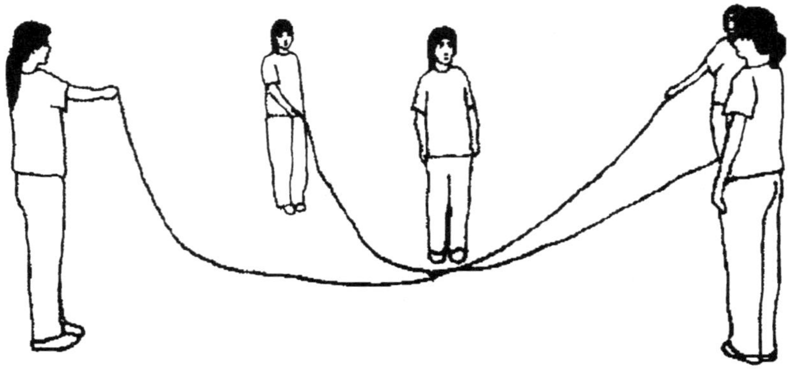

图 11—28　跳十字绳的摇绳方法

（2）跳绳方法：跳绳人站在靠近绳转区，准备上正绳，最好上到两条绳的交叉点，上绳后可连续跳，也可跳一次后向前跑出。

六、跳绳网

把三四条绳交叉一齐摇转，就像一张网，所以称为跳绳网，如图 11—29 所示。摇绳的人站在对称的六角位置上摇 3 条或 4 条交叉的正绳，同时起落，但以最上边最长的那条绳为准。

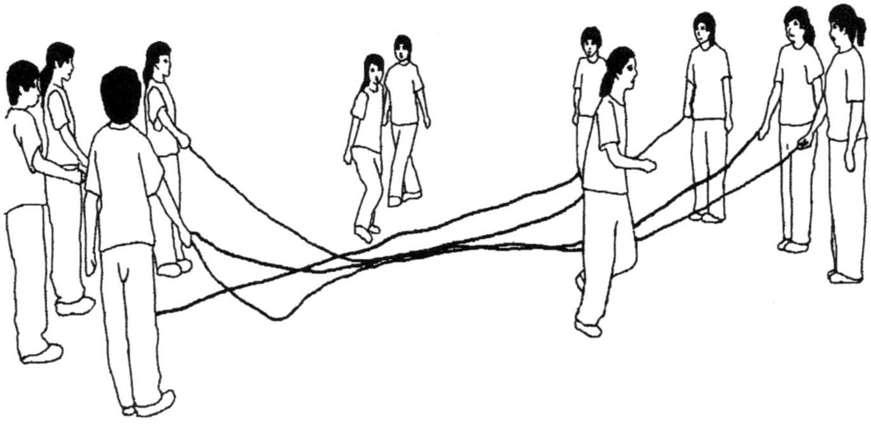

图 11—29　跳绳网

第三节　呼啦圈

运动箴言

高尚的娱乐，对人生是宝贵的恩赐。

主题一　呼啦圈的起源与发展

呼啦圈又称健身圈。在1958年，如果世界上的哪个地方没有人玩这种美国“塑料圈”，就说明这地方尚未“与世界接轨”。呼啦圈是有史以来真正风靡世界的玩具，是由加利福尼亚州圣加夫列尔的两位年轻玩具制造商做出来的，理查德·内尔和阿瑟·梅林是一家名叫惠姆·奥制造公司的合伙老板。1958年3月，在纽约的一次玩具博览会上，有个熟人告诉他们，有一种大木圈正在澳大利亚流行，孩子把它套在屁股上转着玩。回到公司后，内尔和梅林便开始制造木圈。但做了20来个，就停下了。他们不喜欢木头的，想用塑料来试一试。同年5月，他们做出了符合他们要求的东西，他们用花花绿绿的聚乙烯管做成3英尺（1英尺＝0.304 8米）大的圈，每只售价9角3分，可得毛利16%。惠姆·奥制公司的这种新玩具定名为呼啦圈。

要取得这种玩具的专利权是不可能的，没几个月，已有十多家公司仿制，并另立商标出售。这年秋天，若把国内外的仿制品统统计算在外，呼啦圈的总销量估计有几千万个，使用者多得使欧洲的医学刊物纷纷发出警告，谨防因过度激烈而损伤身体。实际受伤的例子非常多。在荷兰的莱登，有个荷兰妇女被送往外科手术室割掉阑尾，但经医生检查，发现她的病实际上是腹肌受到损伤，而这完全是因为套上呼啦圈转过猛引起的。在英国，呼啦圈的销售量是25万个，英国医学会发出警告说：“凡是已发现有心脏病的人都不能玩呼啦圈，凡是缺乏锻炼的人都不能一开始玩得太猛。”在日本，医学急诊室里挤满了因玩呼啦圈而引起的腰椎间盘突出和脊椎骨错位的病人。

约旦的扎伊奈太后旅欧返国时，行李中也装着一个呼啦圈，据说以此证明呼啦圈并非不正当的玩意儿。可是，有些玩具制造商仍不免心情紧张。那年秋天，每当举行橄榄球赛时，常出现一种意想不到的乐事：那就是观看迷人的乐队女队长发狂般地扭动着自己的腰部，引得成千上万的观众欢叫不已。

不管看的人有什么想法，这种美国新玩意儿在其他国家照样十分风行。在德国，没有孩子的德国人要买玩具总有点说不过去，为了避免让人看见，他们请商店把呼啦圈包好，在夜间送到家里去。一支比利时探险队出发去南极时，在他们的行装里也有20个呼啦圈，这笔钱是作为文娱费用开支的。在华沙，一家为青年办的周报竟说："如果轻工业部和手工业局还不生产呼啦圈，我们在这方面的进展，特别从国际范围来看，就将大大落后了。"但这两个部门仍然拖拖拉拉，于是呼啦圈就通过其他国家走私进来。

呼啦圈来得快，去得也快。到1959年夏，许多城市的垃圾场上都堆满了丢弃的呼啦圈。但不管怎样，从这种狂热完全可以看出，美国群众文化生活中即使一件微不足道的小事，对世界其他地方都会有多么巨大的影响。

20世纪80年代，呼啦圈传入中国。现在，呼啦圈由塑料或橡胶制成，其规格、重量没有严格的规定。练习者可根据自己的需要选择，也可用艺术体操的圈代替，对场地器材要求不高。

主题二　呼啦圈的锻炼价值

练习者通过四肢或身体其他部位绕环运动，使呼啦圈绕身体旋转。圈绕身体某一部位旋转的时间越长，或一人同时旋转的圈的数量越多，则表明其水平越高。呼啦圈按练习者的身体部位可分为：颈部运动、腰部运动、腿部运动、膝部转动、踝部转动、手部转动和臂部转动。这项运动对素质要求不高，练习者身体各关节的运动幅度不超出正常的生理活动范围，属自然性动作，适合不同年龄的人。呼啦圈运动趣味性强，形式生动活泼，既能培养练习者灵敏、协调等身体素质，又能陶冶情操、磨炼意志。目前，在美国中小学课外活动开展得较为广泛。转呼啦圈是大众喜爱的健身运动，特别受女孩子的青睐，因为转呼啦圈可以减少腹部脂肪，瘦身塑形。熟练者能获得腰腹肌肉、臀部肌肉、腿部肌肉较好的运动与发展，能有效提高人体腰、髋、膝关节的灵活。

主题三　注意事项

转呼啦圈是一项简单方便的室内健身运动，随时随地都能玩。转呼啦圈可以帮助肠道的蠕动，帮助消化和排便，更好地辅助瘦身并且积极帮助清除体内的垃圾，达到美容的效果。但是转呼啦圈真的可以瘦身？转呼啦圈要想达到瘦身效果，必须考虑以下重点：

一、运动多久能达到瘦身效果

运动频率：每周4～6次，每次2～3组，每组20～30分钟，组间休息20～30分钟，一般不超过45分钟。

摇呼啦圈是一种全身性运动，可以达到运动瘦身的效果，不过运动的时间一定要够长。因为摇呼啦圈的运动强度并不很强，唯有延长时间而且是持续性的运动，达到有氧运动的阶段，这样才可消耗身体储存的脂肪以及过多的热量。到底应该摇多久才能达到健身效果？不妨参考原国家体委推行的“三三三”运动，每周运动3次，每次至少30分钟，心跳达130下。由于摇呼啦圈的运动强度不够，如果要增加心跳速率，就必须要加快摇动的速度。

二、呼啦圈越重效果越好

其实，不见得越重越好。或许较重的呼啦圈在开始的一刹那，需要花较大的劲儿才能甩得动，不过之后便成为一种惯性运动，重点还是运动的时间一定要够久，否则短暂的剧烈运动只属于无氧运动，只会换来肌肉的酸痛，并不会消耗多余的热量。另外，呼啦圈在甩动时会撞击腹部，背部内的脏器（如肾脏），太重的呼啦圈相对撞击的力量也较大，可能会有伤及脏腑的危险，所以还是选择重量适中的吧！

三、不适合有腰肌劳损和缺钙者

运动强度和适应人群：腰部旋转练习，属中等运动强度。适合青少年、腰腹肌力较差者、体型发胖的中年人、腰部脂肪堆积较多的青年男女、体质测定腰围比例较大者。患有腰椎骨质增生、腰椎间盘突出症患者禁忌，高血压、心脏病患者不宜。

因为摇呼啦圈主要靠腰部用力，充分运动了腰肌、腹肌、侧腰肌等部位，坚持运动可以达到收紧腰腹的效果。但是，需要提醒的是，有腰肌劳损者、脊椎有伤者、骨质疏松患者是不适宜此项运动的。另外，在摇呼啦圈之前，应当先做一些伸展运动，伸展韧带，避免扭伤。运动不是一天两天的事，肥胖也不是一天两天造成的，不论你从事何种运动，记住把握一个原则：长时间且持续，有点喘又不太喘。相信你很快就会是苗条一族的成员。

四、转呼啦圈的部位

呼啦圈扭转的部位正好在胸腰椎交接处。

专家认为，转呼啦圈扭动的运动量并不大，很难达到减肥效果，一旦活动不当还容易引起不良后果。因为转呼啦圈是单纯的腰部运动，运动量不大，想要达到减肥的目的必须有足够长的运动时间，而且是持续不间断的运动，才能消耗身体储存的脂肪以及过多的热量，基本要求每周运动3次，每次至少30分钟，心跳达每分钟130次。人体腹腔内的脏器都有自己的位置，一般的运动很少会引起错位，但是有一些身体素质本来就不好的人，腹腔脏器的位置非常容易改变，比如胃下垂，子宫和卵巢异位等。胰脏的位置位于腹腔的深处，是不容易改变的，但是有可能因为大范围的转身运动引起损伤。大范围的扭转身体，弯腰转身搬动重物，都可能引起胰脏的损伤。

此外，饭前饭后一小时之内不要运动；不要将呼啦圈放在脖子上运动；儿童仅将呼啦圈作为娱乐进行玩耍；女性孕期、月经期避免运动。

主题四　呼啦圈减肥几招鲜

一、后舵式（锻炼目标：手臂上臂、腰部两侧及后背）

（1）双脚站立，与肩同宽，两臂在身后呈 3 点、9 点位置，握住呼啦圈，使之与身体保持 30 厘米远，吸气挺胸，尽力夹紧肩胛骨。

（2）顺时针转动呼啦圈，直到左手置于头部正上方，右手置于臀后。坚持 10 秒钟，慢慢深呼吸，发现肌肉在拉长。

（3）回到初始状态姿势，逆时针转动呼啦圈，直到右手臂于头部正上方，左手置于臀后。坚持 10 秒钟，之后恢复初始状态。

二、前屈身（锻炼目标：背部、双臂及肩部）

（1）双脚站立与肩同宽，双手握住呼啦圈，分别呈 10 点、2 点位置，并将其置于脚前。屈膝、臀部向下坐，到离地大约 1 米处停住。用呼啦圈支撑身体，向前伸直双臂，感到双肩有拉伸感。

（2）继续向前拉伸身体，直到腹部贴到大腿，然后尽全力将双臂向前伸，感到脊柱和背部正在慢慢拉长。同时深呼吸，放松颈部，保持头部朝下。坚持 10 秒后，慢慢直立身体。

三、直立扭腰（锻炼目标：腹部、双肩及背部）

（1）与“后舵式”的初始姿势一样，脚尖朝前，双脚与肩同宽，头部与脊骨保持一条线。

（2）分别向左、右转动身体，直到胸部和头部都朝向一侧，坚持 10 秒钟，并深呼吸。

注意：完成前三个热身运动后，抖动全身，放松肌肉，然后再进入下一个动作。

四、超级呼啦（锻炼目标：腹部、下背部及培养身体的整体平衡力）

正确：抬高下颚，保持双肩、胸部、头部稳定静止，膝部保持放松。

错误：转呼啦圈时，眼睛不要盯着呼啦圈（否则会弄乱整个节奏），不要屈腰或者夸张地转动。

（1）让呼啦圈围绕腰部转动，向左、向右转动均可。

（2）开始时慢慢转动，找准一个节奏。

（3）接下来把你的双手放到头部（这个动作可使身体保持稳定）。

（4）转动 3 分钟后停下来，再向相反方向转动 3 分钟。

五、挑战环节：索套式（像“西部牛仔”要拘马套的动作，锻炼目标：手臂肱二头肌、肱三头肌）

（1）紧握呼啦圈，将其举至头顶上部。做出准备向外投掷物品的动作，慢慢摇起呼啦圈（好像在用绳套索捕猎物一样）。

（2）每一次转动呼啦圈时，都是先抓住后放手。一旦开始后，就要打开手掌，使呼啦圈围绕手掌转动。

（3）每转动 1 分钟后换另一只手，共坚持 10 分钟。

实践与研究

1. 简述毽球的历史。
2. 跳短绳分为哪几类?
3. 呼啦圈运动适合于哪类人群?

图书在版编目（CIP）数据

体育与健康/曾文艺主编．—北京：中国人民大学出版社，2016.4
ISBN 978-7-300-22633-0

Ⅰ.①体… Ⅱ.①曾… Ⅲ.①体育课-中等专业学校-教材②健康教育-中等专业学校-教材 Ⅳ.①G634.961

中国版本图书馆 CIP 数据核字（2016）第 045152 号

中等职业教育通用基础教材系列
体育与健康
主　审　韩　实
主　编　曾文艺
副主编　张冠英　张海兵　谢京涛　张得新　黄　卫
编　委　张　立
Tiyu yu Jiankang

出版发行	中国人民大学出版社		
社　　址	北京中关村大街 31 号	**邮政编码**	100080
电　　话	010－62511242（总编室）		010－62511770（质管部）
	010－82501766（邮购部）		010－62514148（门市部）
	010－62515195（发行公司）		010－62515275（盗版举报）
网　　址	http://www.crup.com.cn		
经　　销	新华书店		
印　　刷	北京密兴印刷有限公司		
规　　格	170 mm×240 mm　16 开本	**版　　次**	2016 年 4 月第 1 版
印　　张	11.5	**印　　次**	2020 年 8 月第 8 次印刷
字　　数	212 000	**定　　价**	29.80 元
